Questo romanzo nel 2012 ha vinto il primo premio del concorso letterario *Casentino* in Poppi (Toscana) ed è stato pubblicato col titolo

Teatro di ombre

dalla *Edizioni Helicon*, Rieti

Una versione in lingua tedesca è stata pubblicata nel 2020

col titolo

Zwischen Lemberg und Meran

dal *Verlag ohne Geld*, Monaco di Baviera

Ada Zapperi Zucker

Tra Lemberg
e
Merano

Romanzo

VoG Verlag ohne Geld e.K.

n.39

ISBN 978-3-943810-41-7

Registergericht München HRA 99261
www.verlagohnegeld.de
Impaginazione: Heinz Weih
In copertina: Ada Zapperi, *Dopo mietitura,* 1995

Ada Zapperi Zucker è nata a Catania. A Roma ha iniziato gli studi di canto e pianoforte per poi concluderli alla *Musikhochschule* di Vienna. Insegna canto in Germania e in Sudtirolo.

Ha collaborato al *Dizionario Biografico degli italiani dell'Istituto Treccani, all'Enciclopedia dello Spettacolo* e *all'Enciclopedia Universo De Agostini.*

Cantante lirica ha svolto la sua attività prevalentemente all'estero, soprattutto in Austria e Germania. Col pittore sudtirolese Gotthard Bonell ha studiato pittura e partecipato a diverse mostre.

I suoi scritti letterari hanno ottenuto vari premi nazionali e internazionali, i più importanti sono:

2020	Secondo Premio *San Domenichino* per *Due donne del Sud*
2017	Menzione d'onore *Casentino*, per il romanzo *La casa del nonno*
2015	Primo Premio *San Domenichino* per i racconti *La Cucchiara*
2012	Primo Premio *Casentino* per il romanzo *Teatro di ombre*
2012	Premio *Stiftung Kreatives Alter*, Zurigo, per i racconti *Le inquietudini della sora Elsa*
2011	Primo Premio *Chianti*, per il romanzo *Il silenzio*
2008	Primo Premio *Giovanni Gronchi*, per i racconti *La scuola delle catacombe*

Parte prima

1906

Lemberg

L'albero del diavolo

L'estate del millenovecentosei fu particolarmente calda. In campagna giorno e notte non si respirava più.

La signora Franziska Bodynska, *pani* Bodynska per la sua gente, dopo essersi rigirata inquieta fra le lenzuola umidicce, si alzò, stanca, più che stanca, scontenta. Un'altra notte finita, ecco l'unico motivo di sollievo col quale iniziare una nuova giornata.

Dormiva male e quel poco di sonno, fra un risveglio e l'altro, era sempre disturbato da sogni inquietanti: da qualche tempo aveva preso a sognare di una porta che si chiudeva. Nient'altro. Ma bastava perché si svegliasse, ansante, preda del più insensato terrore. Niente di più innocuo di una porta che si chiudeva da sola, spinta da una mano misteriosa: cosa vi si nascondeva dietro? E di chi era la mano che la spingeva? Lì dietro, ne era certa, stava accadendo qualcosa che la spaventava oltre misura, non sapeva cosa. Da sveglia frugava disperata nella memoria e non riusciva a collegare quella scena con qualcosa accaduta nella realtà. Pensava a tutte le porte della sua infanzia, perché almeno di questo era certa, lì c'era di mezzo la sua infanzia, però non ne ricordava una in modo particolare.

La notte le era nemica. Odiava andare a letto, preferiva sonnecchiare distesa su un divano, vestita e sempre pronta ad alzarsi; ma la sera, quando il cielo cominciava a oscurarsi, non amava più neanche i divani; sapeva che si avvicinava l'ora ufficiale del sonno e si comportava proprio come una bambina capricciosa, lei che da piccola non lo era mai stata, questo poteva ricordarlo con estrema sicurezza. A letto, poi, restava per ore sveglia, o almeno così credeva, finché il prossimo incubo le dimostrava il contrario.

Finalmente, quando vedeva la luce filtrare attraverso le imposte della finestra, si decideva a tirare il cordone della campanella. Voleva alzarsi, aveva bisogno di aiuto, di un incoraggiamento anche. In lei c'era l'inerzia, la passività della bambina abituata a lasciarsi maneggiare, vestire, lavare, priva di iniziativa, o meglio priva di ogni volontà. Non si trattava di un capriccio: non amava toccare il proprio corpo, neanche per vestirsi, lavarsi. Un disagio che si portava dietro ormai da anni, forse da sempre. Quel corpo le era estraneo. Preferiva vedersi vestita di tutto punto, così come la vedevano gli altri.

Mai le era venuto anche solo il pensiero di guardarsi allo specchio nuda, neanche da ragazza. Non si trattava di eccessivo senso del pudore, solo di rifiuto di sé, un rifiuto radicale del quale non era affatto cosciente. Ora, a quarant'anni si considerava una donna anziana e meno che mai accettava il proprio corpo. Soltanto sul viso cercava ogni mattina i segni che avrebbero dovuto confermare il suo declino, qualche piccola ruga ai lati degli occhi, la pelle un po' avvizzita, due pieghe marcate agli angoli della bocca: lo spettacolo della propria decadenza le toglieva quell'ultimo briciolo di slancio che l'avrebbe aiutata a iniziare la giornata. Poi passava alle trecce sciolte, quelle stesse trecce che per anni avevano rappresentato un motivo di orgoglio, forse anche l'unica vera bellezza in una persona di per sé modesta in ogni sua espressione. Era stato detto, in altri tempi, che erano seconde soltanto a quelle dell'imperatrice Elisabetta. Ora avevano perso in corposità e in lucentezza oltre che in volume. Perfino il colore biondo rossiccio si smarriva nel castano più banale, senza contare la mortificazione dei fili bianchi sempre più numerosi. Solo gli occhi, di un verde smeraldo, quasi da gatto, continuavano a mantenere la trasparenza propria del cristallo, gelido e inaccessibile; e un'innocenza disarmante, infantile che turbava, metteva a disagio i suoi interlocutori: il suo non voler diventare adulta si rispecchiava in quegli occhi ora sempre più spesso offuscati da un velo di malinconia.

Stancamente si lasciò aiutare dalla sua vecchia domestica ad allacciare il corsetto, a mettere a posto i lunghi capelli, senza alcuna partecipazione, continuando a scrutarsi nello specchio forse cercando un'immagine che non riusciva a trovare.

Infine uscì.

Da quando era in villa, e cioè dall'inizio di giugno, aveva preso l'abitudine, prima di fare colazione, di uscire col carrozzino; amava fare un giro nel suo podere, respirare l'aria fresca carica ancora degli umori notturni, lasciarsi portare fuori casa, ancora mezzo addormentata, come una bambina piccola nella sua carrozzina, priva di volontà, in una sorta di sonnolenza nella quale si trascinava poi lungo tutta la giornata.

Lontano, quasi una fata Morgana, apparivano le montagne avvolte ancora da una leggera foschia. I primi raggi del sole avrebbero messo in fuga quei vapori leggeri che vagavano ancora sulla campagna sottostante.

Pani Bodynska non degnava le montagne di uno sguardo.

Neanche le piante del suo giardino incontravano il suo interesse: solo un albero, un vecchio albero ormai cavo, a un centinaio di metri dalla villa, isolato su un piccolo pianoro, attirava la sua attenzione. Era come se proprio da quella pianta si aspettasse il miracolo, il qualcosa di straordinario che avrebbe finalmente spezzato la monotonia delle sue giornate. Forse voleva soltanto accertarsi della sua presenza, ogni mattina, che non fosse sparito come un fantasma della notte insieme al suo abitante. Perché di questo, come tutta la gente della zona, era convinta: quell'albero era abitato.

L'albero, che aveva dato nome a tutta la contrada, (*Pod diabelskim drzewem* – All'albero del diavolo) aveva una sua storia particolare, piuttosto macabra, tipica della regione. Un centinaio di anni prima, si raccontava, appeso a un grosso ramo di quell'albero era stato trovato un uomo. Impiccato. Si poteva vedere da lontano come penzolava, appena mosso dal vento. Un peso leggero, del resto, poche ossa con qualche grammo di carne, tenute insieme da quattro stracci puzzolenti. L'uomo, un ubriacone conosciuto da tutti per la sua brutalità, non si sapeva bene di che cosa vivesse e se aveva un soldo lo spendeva subito nella bettola del villaggio.

Nessuno pensò a un suicidio: perché avrebbe dovuto farlo? Se fosse stato per miseria, tutto il villaggio avrebbe dovuto organizzare un suicidio collettivo. Non ci si uccide per fame, questo lo sapevano tutti; la morte arriva da sola, conosce la strada, non è necessario chiamarla.

La gente del luogo aveva però bisogno di una spiegazione. Furono tirati in ballo il diavolo, i coboldi, esseri tutt'altro che innocenti, gnomi, briganti. Ci fu chi affermò fosse la vendetta di una vecchia donna dove ogni tanto passava qualche ora della notte, ma nessuno riusciva ad immaginare come avesse potuto issarlo così in alto e alla fine impiccarlo.

Dopo lunghe discussioni si arrivò a una conclusione: era stato impiccato, di questo nessuno dubitava e c'era di mezzo il diavolo.

Da allora l'albero, compresa tutta la zona circostante, acquistò il nome di 'albero del diavolo' mentre sarebbe stato più appropriato chiamarlo 'albero dell'impiccato'. In tal caso però sarebbe venuto a mancare il lato magico, molto importante per il rituale che subito si istituì: chiunque passava in prossimità dell'albero doveva segnarsi tre volte e sputare. Chissà perché bastasse sputare tre volte all'indirizzo del diavolo, davanti, dietro, a sinistra e poi? La destra restava scoperta, nessuno però ci fece mai caso. Del resto si sa che il tre è per sua natura un numero magico.

Ad ogni modo, essendo il posto piuttosto sopraelevato, anche da lontano era sempre possibile vedere qualcuno gesticolare convulsamente, quasi fosse stato assalito da uno sciame di vespe.

A dar ragione alla teoria del diavolo, poco tempo dopo un fulmine si abbatté durante una notte di tempesta proprio su quell'albero colpendolo in pieno, inutile aggiungere che questo avvenne per la festa di Sant'Elia, il dio del fulmine. In quella regione, dove la religione cristiana conviveva pacificamente con la mitologia, ciò poteva avere un solo significato: Sant'Elia aveva tentato di uccidere il diavolo. Un duello ad armi pari però, tanto è vero che il diavolo, usando uno dei tanti trucchi che solo lui conosceva, anche questa volta era riuscito a farla franca; l'albero infatti si era spaccato in due, qualche ramo e parte della corteccia aveva preso fuoco con danni più o meno gravi, in ogni caso non tali da impedirgli di continuare a viverci indisturbato fino al prossimo duello. Una potenza superiore ci aveva soffiato sopra, nessuno ebbe dubbi.

L'albero, infine, col suo satanico inquilino cominciò a deperire.

Ogni nuova stagione metteva sempre meno foglie. Solo sui rami più alti. A volte accadeva che per due e anche tre anni non si muovesse niente; tutti allora pensavano che ormai fosse suonata l'ultima ora. Poi, quando uno meno se lo aspettava, ecco apparire i primi germogli alquanto malaticci, privi di forza, che stentavano ad aprirsi. Un tentativo destinato a fallire. Nessun santo era in grado di aiutare il povero albero, dato che il diavolo ne succhiava le sue linfe per sopravvivere lui stesso. Questa l'opinione generale.

In realtà si trattava di un'antica quercia, maestosa nel suo squallore, vecchia di qualche centinaio di anni; un albero pieno di storia, testimone silenzioso di chissà quante vicende umane. Le forti radici, nonostante le intemperie, i fulmini e le guerre che non poche volte avevano sconvolto la regione, affondavano ancora saldamente nella terra, quasi una sfida contro il tempo e contro ogni magia. Del resto anche senza la leggenda del diavolo la gente lo avrebbe rispettato con religiosità primitiva, anzi venerato come una divinità antica rimasta lì per caso, lasciata indietro, dimenticata durante il grande esodo degli dei dal mondo. Mai avrebbero usato del suo legno per riscaldare le stufe durante le fredde giornate invernali.

Ovvio che un albero abitato dal diavolo non poteva essere abbattuto e tanto meno sradicato, se non volevano cadere in disgrazia per generazioni e generazioni.

Pani Bodynska non avrebbe mai ammesso di essere superstiziosa. Pur simulando una certa indifferenza non mancava mai di ascoltare i racconti della governante, storie di spiriti, vampiri, briganti, leggende spesso risalenti a fatti realmente accaduti che la fantasia popolare variava, ingigantiva, modificava fino a farne nascere qualcosa di soprannaturale: il gusto per il prodigioso era molto radicato in quella regione. Conosceva molto bene la storia dell'impiccato e dell'albero del diavolo e mai avrebbe dato ordine di togliere di mezzo quel vicino infernale. In fondo godeva segretamente di avere nelle sue proprietà una reliquia, un fossile di antiche sacralità. Chissà, forse era un dio vero e proprio, l'ultimo dio deciso a non lasciare la sua terra, nonostante l'abbandono dei suoi confratelli.

Per questo motivo chiedeva ogni giorno al suo cocchiere di passare davanti all'albero del diavolo, anzi pretendeva che rallentasse il passo del cavallo per poterlo osservare più da vicino, nonostante le proteste del pover'uomo che si segnava con una mano mentre con l'altra cercava di far correre il suo animale. Questo era indubbiamente l'unico momento in cui fra cavallo e cocchiere non esisteva nessuna intesa, dato che se con le redini lo invitava a rallentare, con la voce gli comandava tutto il contrario.

Estate

La passeggiata mattutina di solito proseguiva lungo stradine solitarie, attraverso grandi campi coltivati a grano; mari verdi e poi dorati, ondeggianti al minimo spirare di vento, che sparivano lontano, al confine con l'orizzonte.

Durante la stagione della mietitura file di contadini falciavano il grano dall'alba al tramonto.

Ogni giorno *pani* Bodynska ripeteva lo stesso percorso attratta da quella scena. Era affascinata dalla sincronia nel movimento delle braccia e delle gambe, lenta, regolare come una danza, ignara dello sforzo muscolare, della concentrazione ed esperienza che quel lavoro richiedeva. Gli incidenti, anche se rari, lasciavano un ricordo permanente in chi ne era rimasto vittima, e non soltanto: costituivano un tema di non trascurabile importanza per chi ne era stato anche solo testimone; la sera poi, seduti nella solita bettola dell'ebreo – gli ebrei avevano una specie di esclusiva per quel tipo di rivendita – i contadini si dilungavano in racconti molto circostanziati sull'accaduto, con aggiunte e commenti di varia natura.

Lei non sapeva niente di incidenti né della miseria della sua gente. Evitava infatti accuratamente di passare dal villaggio, quattro capanne di legno col tetto di paglia che scendeva spiovente fino a mezza parete tanto da coprire buona parte delle finestrelle, impedendo così alla luce di penetrare in quell'unico locale dove si cucinava, si dormiva, spesso in compagnia di qualche gallina o di un maialino, più spesso di un malato; dove si consumava la vita, giorno per giorno uguale, senza speranza di miglioramento. Un fazzoletto di terra si stendeva davanti a ognuna di quelle casupole; in quei piccoli orti, ben recintati, agli animali non era permesso di entrare, per nessuna ragione. Ma nonostante le cure cui erano fatti oggetto, non producevano mai abbastanza per sfamare le famiglie, di solito assai numerose.

Lungo la strada di terra battuta che attraversava quell'agglomerato di case era possibile vedere di tutto: bambini sporchi e seminudi, file di oche che contendevano il terreno a galline e maialini, rifiuti di varia natura, senza escludere escrementi umani e animali, dato che mancavano fognature e qualsiasi altro tipo di servizi. In primavera quella strada si trasformava in un'immonda cloaca mista alla neve che si scioglieva, al fango, alla spazzatura che regolarmente veniva buttata fuori dalla porta di casa. Qua e là venivano poste assi di legno per passare da una sponda all'altra, col rischio di scivolare in quella melma, e non doveva essere un pericolo da poco se una volta, così riferiscono i giornali del tempo, vi annegò un bambino.

Dalle file dei mietitori a volte si alzava una voce di donna rozza, stridula, che intonava un canto, per segnare il ritmo, ma anche per scacciare la stanchezza e la monotonia di quel lavoro. Canti ripetuti meccanicamente senza tener conto del significato delle parole; forse ognuno cantava in una lingua diversa sulla stessa melodia. La seconda strofa veniva subito intonata da tutti, in un coro assai disordinato, mentre la voce solitaria si alzava sovrastando le altre, quasi in una sfida sonora. Non erano canti allegri: raccontavano di miseria, di inverni gelidi e estati calde, di amori traditi, nostalgia di gioie perdute o mai conosciute. Melodie struggenti, antiche, di origine slava, conosciute da tutti in quella regione, un vero crogiolo di popoli e di lingue diverse: Polacchi, Ruteni o Ucraini, Huzuli o Huculi, Armeni, Bojki, Rumeni, Zingari ed Ebrei di mezza Europa emigrati in Galizia per sfuggire ai pogrom e alle persecuzioni che subivano da secoli.

Ogni giorno affascinata da quei canti, da quella sorta di danza dei falciatori, *Pani* Bodinska chiedeva al cocchiere di andare al passo. Abbandonata sui cuscini, socchiudeva gli occhi abbagliati dal primo sole riparandosi sotto un minuscolo ombrellino di pizzo bianco, quasi uno schermo fra sé e il resto del mondo. I contadini la guardavano appena. La conoscevano tutti e la salutavano solo se proprio non era possibile fare altrimenti. La consideravano una straniera, una che trascorreva qualche mese l'anno da quelle parti, abitava nella casa padronale come un'estranea, pur essendo la moglie del padrone e dopo un certo tempo spariva. Di lei non restava neanche il ricordo. Quegli occhi sembrava vedessero oltre le persone stesse, persi in chissà quali visioni lontane e trasmettevano un senso di distanza, un gelo che sconcertava. Se a volte si trovavano a fare qualche commento su di lei concordavano tutti su un punto: era arrogante, avara, dura di cuore.

Chi invece veniva rispettata e segretamente riconosciuta come la vera padrona della villa era la governante, Frau Mitzi Greiner.

Il cocchiere di casa, figlio di un ruteno – lui ci teneva però a essere considerato polacco – quando la sera seduto nella solita bettola del villaggio tra un bicchiere e l'altro si dava un mucchio di arie sproloquiando sulle faccende dei suoi padroni, affermava che la governante era la sola a comandare in villa.

«Frau Mitzi ha ordinato...» diceva, oppure «Frau Mitzi ha deciso...» Di *Pani* Bodynska non faceva mai il nome, quasi non esistesse. Secondo lui anche il padrone ascoltava i consigli, le decisioni della Frau Mitzi, e lui sapeva il fatto suo, essendo al loro servizio già da moltissimi anni.

Tutti conoscevano Frau Mitzi, tutti sapevano del potere che esercitava in quella casa. Accompagnata da un domestico carico di ogni bendidio la vedevano venire quasi ogni giorno nel villaggio. Entrava in ogni casa, si interessava di ognuno, si informava sulle loro storie di malattie e miseria, sempre le stesse, e distribuiva severa ma giusta a ogni famiglia quel tanto che portava. I quattro mesi fra giugno e settembre erano l'unico periodo dell'anno in cui era possibile placare in qualche modo la fame, anche se non proprio ogni giorno. Nessuno chiedeva chi la mandasse, supponendo più un ordine del padrone che non di quella donna svagata; anzi erano convinti, e non a torto, che lei non ne sapesse niente.

Pani Bodynska conosceva quei canti. Da circa vent'anni li sentiva e risentiva ogni estate e benché non ne riconoscesse la melodia, – per lei tutti uguali, li definiva anzi 'canti barbari' – aveva finito col farci l'abitudine. Lo strazio di quelle melodie le penetrava nelle ossa, nell'anima. Una nenia che aveva il potere di rilassarla, anzi di cullarla in un sonno leggero, rasserenante. Mezzo assopita faceva allora segno al cocchiere di proseguire. Lui sapeva dove andare.

Da quando la figlia, sposata da qualche mese a un ufficiale dell'esercito austriaco, era andata a vivere con lui nella capitale, *pani* Bodynska aveva preso l'abitudine di allungare il suo giro fino a una stradina accidentata, piena di buche e di polvere d'estate, fangosa in primavera per via del disgelo e quasi intransitabile in autunno per gli acquazzoni che da quelle parti si abbattevano con violenza quasi primordiale. Era anche accaduto che la carrozza, rimasta incagliata in una buca assai profonda, piena di fango, fosse stata tirata fuori da un paio di buoi, andati a prendere d'urgenza – una urgenza che si era protratta per tutta una mattinata. D'altra parte il povero cavallo mai sarebbe riuscito a tirarla fuori da solo.

Non si trattava di un'eccezione, tutto il sistema stradale della Galizia era in condizioni disastrose e nessuno se ne meravigliava.

Quella stradina aveva poi un'altra particolarità: di colpo s'interrompeva, attraversata dalle rotaie della ferrovia, senza passaggio a livello e roba del genere. Finiva semplicemente per proseguire poi dall'altra parte, all'infinito, fra vasti campi di grano. Al momento della costruzione della ferrovia erano state poste delle traversine fra una rotaia e l'altra per agevolarne il passaggio, pensando a qualche carro tirato da buoi. Niente di più.

P*ani* Bodynska non aveva intenzione di andare oltre. Mai andò oltre. Aveva raggiunto la meta delle sue passeggiate mattutine, le rotaie. Non voleva altro.

Se arrivava in tempo riusciva perfino a vedere il treno passare sbuffando fumo come per salutarli. Il macchinista a ogni buon conto fischiava già da lontano per avvertire un eventuale passante, e chissà, forse riconosceva ormai quel carrozzino che sembrava attenderlo quasi ogni mattina.

Quel treno veniva da Lemberg, la capitale della Galizia, e l'indomani mattina sarebbe arrivato a Vienna, la città della sua nostalgia. La signora si sollevava sui cuscini e lo seguiva con gli occhi fino a che spariva nell'orizzonte. Restava ancora qualche minuto in attesa. Osservava l'ultimo sbuffo di fumo sciogliersi nell'aria, mentre il leggero sferragliare del treno si perdeva in lontananza. Allora si abbandonava sui cuscini e il cocchiere sapeva che era il momento di tornare a casa.

Nostalgia, questa l'origine delle sue malinconie. E più gli anni passavano, più le si infiltrava nell'anima, come un veleno. E come un veleno agiva su di lei paralizzandola ogni giorno di più, impedendole di vivere, soffocandola come un corsetto che sempre più la stringeva.

Solo a Vienna era possibile respirare l'aria del gran mondo – al quale del resto non era mai appartenuta – soltanto Vienna le avrebbe potuto offrire la vita di società cui forse segretamente aspirava. Lì avrebbe potuto frequentare teatri, concerti di prim'ordine, essere vicina alla grande cultura europea, della quale in realtà mai aveva sentito bisogno.

Ogni volta però che il marito le offriva un viaggio, un lungo soggiorno a Vienna, veniva presa dal panico. Trovava delle scuse, si ammalava, rinunciava a priori. La prospettiva di un viaggio la riempiva di inquietudine. Rifuggiva ogni sorta di cambiamenti. Forse temeva un vuoto maggiore nella grande città, l'angoscia dell'anonimato, della solitudine dato che dopo tanti anni di lontananza aveva perso quasi ogni contatto con le conoscenze del passato. Un lungo soggiorno a Vienna avrebbe inoltre spezzato quell'ultimo filo di illusione; sarebbe venuto a mancare il motivo fondamentale della sua inquietudine, un piacere sottile del quale inconsciamente si nutriva e dava un senso alla sua vita. Si rifugiava in una specie di clausura volontaria, incapace di affrontare quel mondo cui credeva essere stata strappata con la forza, e soffriva, perdendosi sempre più in quella sofferenza.

In fondo Lemberg con la sua eleganza, i bei negozi, i caffè viennesi, i lussuosi alberghi forniti di tutti i comfort moderni, il Teatro e i Musei, le belle case padronali, l'Università, le chiese barocche e le bellissime Sinagoghe, e infine il Corso con le sue donne eleganti e gli ufficiali austriaci nelle loro uniformi luccicanti di bottoni e di mostrine dorate offriva tutto ciò che sarebbe dovuto bastare a una donna come lei. Lemberg il monte del leone – dal nome del suo fondatore, Lew von Halicz, (altri fanno il nome del principe ruteno Daniil Romanowitsch che nel 1256 vi gettò le fondamenta per una fortezza) era stata assimilata, circa duecento anni dopo, dal re polacco Kasimir II alla Polonia e una decina di anni dopo aveva acquistato i diritti di Magdeburgo diventando in tal modo una città a tutti gli effetti. Seguì un periodo di grande fioritura commerciale e la repubblica di Venezia, con la quale manteneva intensi rapporti d'affari, le aveva regalato un leone alato, che per molto tempo ebbe un posto d'onore di fronte al Municipio.

Lemberg, soprannominata a ragione 'la piccola Vienna dei Carpazi' per la sua bellezza architettonica, la sua intensa vita culturale e la sua eleganza, per lei era invece una piccola città di provincia, una specie di avamposto, l'ultimo confine di civiltà europea. Simbolicamente dietro le sue mura iniziava il paese dei barbari, la steppa, un luogo che era possibile definire solo con un motto: 'Hic sunt leones.' Questa la sua opinione.

Già quel miscuglio di lingue la disorientava ancora dopo più di venti anni. Non aveva voluto imparare il polacco per una sorta di arroganza, di superiorità. Il ruteno poi non lo considerava neanche una lingua a tutti gli effetti, secondo lei solo russo storpiato da gente incolta, un dialetto e niente di più. E anche i polacchi erano, secondo lei, ignoranti e analfabeti. Stranamente in una persona così riservata e modesta come *pani* Bodynska si manifestava tutta l'arroganza austriaca del XIX secolo.

Tante Melanie

Il padre di Franziska, Oberst Joseph Rill, alla fine del 1884 era stato trasferito come comandante della grande guarnigione di Lemberg. A malincuore e fra mille proteste, la piccola famiglia, cioè la moglie e la figlia, allora appena sedicenne, lo avevano seguito: madre e figlia considerarono quel trasferimento una punizione, anzi una condanna del tutto immeritata. Il padre, offeso, anche perché nonostante la lontananza dalla capitale si trattava in ogni caso di un avanzamento di grado, non mancava di sottolineare la bellezza di Lemberg, la vita che vi si svolgeva a confronto delle tante cittadine di provincia, veri avamposti della civiltà, dove avrebbero potuto finire.

La reazione di Franziska fu di chiusura, o meglio di rifiuto verso il mondo che la circondava, lo sguardo tenacemente rivolto indietro, verso la vita trascorsa a Vienna, una vita che d'altra parte nel ricordo acquistava tinte e atmosfere ben lontane dalla realtà.

La passeggiata lungo i Boulevards costellati di negozi con gli ultimi arrivi della moda, dove era facile incontrare il meglio della società del luogo, era un rito cui ogni pomeriggio si sottometteva solo per volontà della madre. Quell'essere messa in mostra, la cura con la quale la madre l'acconciava, la strigliava quasi fosse un cavallo in vendita, la mortificava; in lei mancava ogni segno di civetteria, di vanità femminile. Come da bambina, lasciava che la madre la maneggiasse come una bambola, passiva, priva di volontà, incapace di reagire. Non puntava mai i piedi, rinunciava già in partenza ad ogni scontro con la madre, perché sapeva di perdere in ogni caso la partita, qualunque essa fosse stata. In occasione delle passeggiate pomeridiane il padre, sicuro di sé e alquanto vanitoso, sfoggiava la sua smagliante uniforme, la madre i cappellini più eleganti, mentre lei, goffa e infelice, non osava camminare accanto a quella bella donnina che ancheggiava con raffinata civetteria al braccio del marito, attirando gli sguardi di tutti gli uomini che incontrava.

La passeggiata si concludeva immancabilmente in uno dei tanti caffè viennesi: seduti a un tavolino, davanti a un Melange o a una tazza di tè, osservavano non senza invidia gli ultimi rappresentanti dell'aristocrazia polacca, vecchi proprietari terrieri blasonati, fieri delle antiche tradizioni non meno dei loro baffi, mescolati ai nuovi ricchi, i cosiddetti 'Ölbarone' – i nuovi magnati del petrolio.

Nella seconda metà del XIX sec. come in America, nella regione intorno a Drohobycz era stato scoperto il petrolio. Dal giorno alla notte alcuni poveri contadini con gli stracci addosso erano diventati veri milionari con grossi conti in banca. Bisognava allora vedere con quanta alterigia si sedevano ai tavolini dei caffè più rinomati, soprattutto al 'Grand Cafè', noto come il 'Rendez-vous der Nafthawelt' dove lasciavano mance da far strabuzzare gli occhi ai camerieri, senza contare i diamanti grossi come noccioline che sfoggiavano al dito mignolo mentre con studiata indifferenza aprivano uno dei tanti giornali (150 di lingua diversa) che con ogni probabilità non potevano leggere perché analfabeti.

La madre aveva un solo pensiero, un solo cruccio: sistemare l'unica figlia nel migliore dei modi possibili e si dava un gran da fare alla ricerca di un buon partito, informandosi sempre dettagliatamente sulle disponibilità finanziarie di ogni presunto pretendente. In realtà disponeva solo di una modestissima dote e secondo le tradizioni familiari, sia sue che del marito, anche alla figlia era riservata la stessa sorte, cioè avrebbe dovuto sposare un ufficiale dell'esercito. Niente di più.

Solo che la madre ne aveva abbastanza di uniformi militari.

«L'amore e il matrimonio sono due cose ben distinte e separate» soleva ripetere alla figlia, come una litania. «Non conosco una sola coppia che si sia sposata per amore. Per amore si sposano solo i domestici e la povera gente. Solo chi non possiede neanche la camicia che ha addosso pensa all'amore. Una ragazza che si rispetti non corre dietro al primo innamorato e tanto meno pensa poi di sposarlo. Meglio sarebbe evitare di innamorarsi» concludeva sempre con fermezza, «l'amore non ha mai reso felice nessuno, porta solo inquietudine. Un buon matrimonio si basa prima di ogni cosa sulla stabilità finanziaria, che non deve assolutamente mancare, e poi sul rispetto reciproco: l'amore è solo un intralcio inutile.»

Alle timide proteste della figlia rispondeva sempre che non si riempisse la testa di romanzi francesi. «L'amore è solo un prodotto del cervello, un'illusione inebriante ed effimera come una coppa di champagne, che ha la caratteristica di sfumare appena entra in ballo la quotidianità della vita in comune.» E lei sapeva di che cosa parlava. Non aggiungeva mai di esser stata anche lei vittima di questa illusione, di aver sposato per amore e di aver sperimentato sulla propria pelle la noia, la delusione di un matrimonio d'amore messo a dura prova dalle difficoltà finanziarie e dalla banalità di ogni giorno.

Con quello che guadagnava il marito aveva tribolato per anni, barcamenandosi alla meglio per salvare le apparenze di un ménage adeguato al loro ceto. Ma quante rinunce, quante mortificazioni! Mai il lusso di un viaggio all'estero, vacanze in prestigiosi luoghi di villeggiatura, gioielli, pellicce, vestiti all'ultima moda. Le ristrettezze finanziarie le avevano tolto ogni gioia di vivere, si lamentava, avevano frustrato ogni piacere, umiliato le sue giuste aspirazioni di essere alla pari con le altre signore, mogli sì di ufficiali, ma con beni di famiglia, che impinguivano i magri stipendi dei mariti. Per la figlia sognava ben altro!

Senza contare che il suo matrimonio si era concluso solo per via di un testamento che avrebbe dovuto appianare ogni difficoltà futura; la Tante Melanie, sorella di suo nonno, vedova già da molti anni e senza figli, aveva deciso di lasciare tutto il suo patrimonio alla nipote, o meglio pronipote, futura signora Rill, per la quale nutriva una particolare simpatia. E questo, nonostante una quantità di parenti del marito attendessero con visibile impazienza la morte della vecchia. Dopotutto si trattava del patrimonio del marito.

La Tante Melanie visse assai a lungo, sempre scusandosi della propria longevità, convinta di defraudare con la propria vita una giovane famigliola. Ogni volta che incontrava il padre dell'ormai signora Rill, non mancava mai dire con un certo rammarico:

«Sono ancora qui, come vedi… la morte mi ha dimenticata.» Con grande imbarazzo di tutti.

Franzi bambina, ogni volta che la madre usciva con lei e al cocchiere della carrozzella di piazza dava l'indirizzo, Haitzingergasse, sapeva che sarebbe andata dalla loro benefattrice, colei dalla cui morte dipendeva il tanto sospirato benessere. La madre non parlava d'altro! La vecchietta, sempre più piccola e magra, quasi in procinto di sparire, le riceveva con estrema cortesia; chiamava la sua serva, vecchia quanto lei, e ordinava di preparare il tè. Si sedevano poi attorno al tavolo in una stanza sovraccarica di mobili neri cui, secondo una moda del tempo, erano incastonati pezzi di madreperla. L'atmosfera era come in un sepolcro. Una quantità di sedie, poltrone, mobiletti e tavolini impediva il passaggio da una parte all'altra della stanza; quadri, ninnoli vari, cuscini polverosi riempivano ogni angolo, ogni parete. Qui d'inverno si gelava, dato che per economia la stufa veniva accesa solo in cucina e neanche tutto il giorno, mentre d'estate si soffocava per il caldo.

In un angolo non mancava un bellissimo pianoforte, dove la vecchia ancora adesso, quando il clima nella stanza lo permetteva, amava suonare pezzi della sua gioventù; era stata educata nel collegio delle Orsoline dove lo studio del pianoforte era un obbligo per tutte le ragazze di buona famiglia. Suo brano preferito, che spesso somministrava alle sue ospiti, era 'La preghiera di una vergine' e bisognava vedere come, nonostante l'artrite, le dita nodose volassero lungo la tastiera. Franziska conosceva quella musica a memoria. Faceva ormai parte del rituale.

La Tante Melanie girava per casa con un vecchissimo cappotto militare del marito – Onkel Victor – pesante, di colore indefinibile, quasi privo di bottoni e senza le mostrine, lungo fino a terra, che metteva sui vestiti per tenersi calda. Ai piedi trascinava delle ciabatte di felpa, anch'esse sdrucite, sempre col pensiero che tanto non avrebbe vissuto abbastanza per consumarne un paio di nuove. Portava le stesse ciabatte anche d'estate, senza quel cappottone pesante, sostituito da una veste da camera di seta giapponese, vecchia di almeno cinquant'anni, una specie di kimono forse di moda nel secolo scorso. Franzi ne era affascinata, perché qua e là appariva ancora qualche figurina, qualche fiore sbiadito, su un fondo di raso nero, in altri tempi di sicuro effetto. D'estate la casa era calda come un forno perché le finestre non venivano mai aperte del tutto; la Tante Melanie abitava al pian terreno di un grosso palazzo del quale era la sola proprietaria. Solo d'estate e soltanto di mattina assai presto si permetteva il lusso di un po' d'aria fresca aprendo la parte alta della finestra; qualche passante, del resto raro in quella strada, avrebbe potuto spiare, gettare dentro sguardi troppo curiosi, magari progettare una rapina. O addirittura scavalcare una finestra. Durante quelle visite non si parlava d'altro, tanto che Franzi poi aveva incubi notturni.

D'altra parte non si decideva a mettere delle inferriate perché troppo costose. Si era già informata. E poi le avrebbero dato l'impressione di essere in prigione. In quella casa, l'aria stagnava sempre. In ogni stagione.

Un inconfondibile odore di vecchio, di muffa, per via dell'umidità, penetrava nelle narici, impregnava i vestiti dell'eventuale visitatore e non l'abbandonava più. Per ore, per giorni. Quell'odore se lo portava addosso come un'impronta invisibile, tangibile di quella visita.

Questo però era il meno. Ogni volta arrivava il momento fatale in cui la Tante Melanie, con voce tremolante, pregava la serva di prendere la scatola dei biscotti.

«Sia così gentile, vada a prendere la scatola dei biscotti... dovrebbe esser rimasto ancora qualcosa. Non possiamo mandar via la bambina senza darle qualche biscotto.»

Una volta l'anno, a Natale, secondo un'antica tradizione diffusa soprattutto nel nord Europa e nei paesi di lingua slava, in ogni casa degna di questo nome viene confezionata una notevole quantità di piccoli biscotti per il tè. Di solito, finite le feste natalizie, dei biscotti non resta che il ricordo e spesso neanche quello. Non dalla Tante Melanie. Secondo lei i biscotti freschi erano indigesti, gonfiavano lo stomaco, provocavano l'ulcera! Bisognava aspettare che si indurissero, che acquistassero una patina di stagionatura prima di assaggiarli.

Al momento giusto apriva allora la famosa scatola di latta, anch'essa vecchia, piena di ammaccature, con una sorta di religiosità natalizia, benché Natale fosse passato già da un pezzo, e subito i convitati tacevano, consci dell'onore loro riservato, del rito che si stava svolgendo davanti ai loro occhi.

Non di rado sul fondo era possibile trovare ancora qualche resto o briciola degli anni passati, mista a qualche vermiciattolo che vi aveva fatto il nido, generosamente ignorato dalla Tante Melanie. Col passare degli anni infatti la sua vista si indeboliva sempre più, un disagio che avvertiva appena, anche perché la sua vecchia domestica possedeva un paio di occhiali che alla bisogna le passava senza mai protestare. Andare da un oculista sarebbe stato uno spreco inutile, per quel poco che doveva leggere: qualche bolletta da pagare, un vecchio giornale dove era avvolta la verdura che andava a comprare la serva e altre piccole cose.

Franzi mai avrebbe dimenticato il sapore di quei biscotti.

Polvere essiccata, pensava ogni volta, gesso mescolato a terra, per via del colore marroncino, e un particolare odore di vecchio che ormai era la caratteristica di quella scatola. Per economia, le due donne mettevano poco zucchero nella pasta e poco di tutti gli altri ingredienti, eccettuato la farina. Un incubo per la piccola Franzi che ne prendeva uno e lo mordicchiava con studiata lentezza per non essere costretta a prenderne un secondo.

Stranamente in quella casa perfino il tè sapeva di vecchio, di muffa. Senza contare che del tè conservava solo il nome. Una bustina doveva bastare per una teiera di almeno sei tazze.

La Tante Melanie morì ultranovantenne, provocando col suo testamento una serie di liti, di processi che si protrassero per anni. Il patrimonio fu suddiviso in parti uguali fra la madre di Franzi, ormai da tempo sposata e i numerosi parenti del marito della vecchietta. A conti fatti, dopo aver pagato le spese non indifferenti dei legali, di tutto il palazzo le restò solo un appartamento, più le interminabili discussioni che trascendevano facilmente in furiosi litigi con l'Oberst Rill. Costui infatti non mancò mai, per tutta la vita e nelle più svariate situazioni di manifestare il proprio risentimento contro la moglie che secondo lui lo aveva truffato in tutta coscienza.

Per l'unica figlia perciò la signora Rill sognava qualcosa di più solido: un conte polacco, per esempio, proprietario terriero; anche un barone le sarebbe andato bene purché avesse delle buone rendite. Invece ebbe altro: un genero milionario, un polacco senza blasoni e con un grosso conto in banca. Appunto Kazimierz Bodynski, un cosiddetto parvenu, un tipo vestito in modo vistoso, impomatato, con qualcosa di eccentrico, eccessivo in tutto il suo modo di fare.

Di ritorno da uno dei suoi viaggi all'estero, un pomeriggio dell'autunno 1885, Kazimierz Bodynski aveva osservato, seduta a un tavolino di uno dei caffè viennesi di Lemberg, una ragazza diversa dalle solite. Interessante era soprattutto la magnifica capigliatura rossiccia e due grandi occhi verdi, che di rado osava alzare da terra. I lineamenti del viso erano appena accennati, in quella indeterminatezza tipica dell'adolescenza, quando l'infanzia è ancora tanto vicina e la soglia della maturità sembra indicibilmente lontana. Una figurina patetica, infagottata in vestiti non adatti a lei, da adulta, accanto a una donnina vivace, di una certa bellezza, in qualche modo inquieta, in attesa di qualcuno o di qualcosa. Non faceva altro che guardarsi intorno con occhi penetranti, scrutando il viso dei clienti quasi per valutare la portata dei loro portafogli. Sicura di sé, cosciente del proprio fascino e dell'effetto che sapeva di suscitare, agli sguardi pieni di richieste degli uomini reagiva con incredibile risolutezza. Lei non aveva bisogno di parole. Gli occhi, le spalle, tutto il corpo sapevano parlare un linguaggio molto più esplicito, pronti a rintuzzare ogni arroganza maschile.

Kazimierz Bodynski guardò con sempre maggiore interesse le due donne: la ragazza sembrava un agnellino portato al sacrificio; l'altra, più matura – avrebbe potuto essere la sorella maggiore – al contrario aveva un suo modo imperativo di stare al mondo quasi lo volesse dominare.

Il giovane non riuscì più a staccare gli occhi da lei. Ecco una donna interessante, pensò subito. Il suo vestito, di stoffa alquanto scadente, con volants e altri ornamenti chiaramente passati di moda, aveva un che di polveroso, di antiquato che però sottolineava il fascino di quel corpo irrequieto. Dalle poche parole che poté intercettare sentì che erano austriache, parlavano tedesco con la tipica cantilena viennese. Per caso i loro occhi si incontrarono. La donna sorrise con familiarità, quasi lo avesse riconosciuto. Kazimierz, subito turbato, salutò rispettosamente: si conoscevano?

Il sorriso della signora Rill era famoso. Non lo spendeva con generosità, ne era anzi avarissima, ma quando, per motivi suoi propri, ne faceva dono, nessuno avrebbe potuto resistergli: una luce improvvisa, una specie di colpo di bacchetta magica trasformava allora quel viso, di per sé non particolarmente bello. Le labbra si distendevano per formare due deliziose fossette sulle guance, due fossette ruba baci, come aveva detto un suo galante ammiratore, mentre gli occhi si stringevano lasciando appena una fessura azzurrina, un angolo di cielo ricco di promesse.

Non era solo questo particolare a fare di lei una personcina incantevole. Il movimento leggero delle spalle con cui usava sottolineare certe frasi; l'eleganza sottile nel sollevare appena appena il busto, del resto fiorente; la gestualità delle mani, piccole e grassocce – anche queste piene di fossette ruba baci – più un insieme di componenti impercettibili, difficilmente identificabili, creavano una specie di aura intorno a lei. Quella donna riassumeva in sé l'essenza ineffabile della femminilità. Al contrario della figlia che visse in stato di continua latenza, lei possedeva l'arte raffinata della seduzione, misteriosa e rara come l'arte stessa; un dono naturale del quale si servì ogni volta che le situazioni lo richiedevano.

E questa era la volta giusta.

Fu come aver intravisto il paradiso. L'uomo trattenne il respiro tutto preso dal fascino di quella signora, dimentico del tempo, del luogo in cui si trovava. Un momento magico. Non desiderò altro che rivedere quel sorriso.

Le incontrò altre volte. Ogni giorno. Lemberg non era Vienna, e dai primi saluti, dai primi sorrisi sempre più luminosi, si passò alle prime parole. L'incanto che veniva dalla donna, che scoprì essere la madre, lo rese cieco nei confronti della figlia. Senza neanche esserne cosciente, nel giro di pochi mesi si ritrovò fidanzato con quella adolescente che appena si interessava di lui; la presenza prorompente della futura suocera, la sua personalità esuberante, il suo modo di occupare tutto lo spazio, in realtà impediva alla giovane coppia di aprire gli occhi sull'assurdità di quella situazione.

Kasimierz, in stato di completa esaltazione, comprò una villa nel quartiere più elegante della città, l'arredò lussuosamente, coprì madre e figlia di regali, gioielli, pellicce. La signora Rill perse la testa, anche lei in estasi. Ogni giorno correva per negozi e spendeva, spendeva a piene mani. Un piacere nuovo, inebriante. E spesso non ricordava più chi fosse la sposa, lei o la figlia.

Lui, incapace di interpretare i propri sentimenti, lasciò fare al destino, le mani legate, o meglio la mente confusa dalle frenetiche attività della futura suocera. Franzi ebbe modo di frequentarlo, ma non di conoscerlo: c'era sempre la madre che si intrometteva, che teneva la conversazione, che non li perdeva d'occhio neanche un secondo. Sei mesi dopo il primo incontro al caffè viennese furono uniti in matrimonio, con gran sollievo della signora Rill.

Fu così che Franzi, schiva e succube della madre, diventò la signora o meglio *Pani* Bodynska, moglie di un uomo ricchissimo, di uno sconosciuto, col quale intraprese un favoloso viaggio di nozze, cui la madre avrebbe volentieri partecipato, se le regole della buona creanza glielo avessero permesso. Franzi però non si riprese mai più da quell'esperienza e rinunciò una volta per tutte a fare la conoscenza di quell'uomo che diceva essere suo marito.

La governante

Durante le passeggiate mattutine *pani* Bodynska aveva notato fra le donne che seguivano i falciatori raccogliendo fasci di spighe per ammucchiarli in covoni, una ragazza di una quindicina di anni o forse più. Due grosse trecce nere, lunghe fin sotto la cintola uscivano dal fazzoletto rosso annodato sulla testa, ogni volta che si piegava sfioravano la terra. I capelli erano intrecciati con fili di lana rossa ed era stato forse questo contrasto ad attirare la sua attenzione. Era magra, forte, alta, un bel viso dagli zigomi accentuati da mongola e occhi obliqui, due fessure chiare, fredde come acqua di montagna. Sorrideva a volte mentre lavorava, inseguendo forse un ricordo o un presagio di felicità futura e il lavoro, quel continuo piegarsi a raccogliere fascine, diventava una danza leggera, elegante.

Indecisa e riservata come era per carattere, la signora Bodynska quel giorno pregò il suo cocchiere di fermarsi e chiamare la ragazza. Questa si avvicinò subito al carrozzino alzando gli occhi su di lei con sorprendente disinvoltura, niente di servile o sottomesso, benché sapesse di trovarsi davanti alla padrona.

Aveva la fierezza tipica della sua gente.

La signora Bodynska disse al suo cocchiere di chiederle come si chiamava. Subito una donna si staccò dal gruppo delle raccoglitrici che nel frattempo avevano smesso di lavorare incuriosite da quella scena: in tanti anni mai la padrona si era fermata sull'orlo del campo. Una novità assoluta della quale avrebbero parlato a lungo. La donna si fece avanti e disse qualcosa in un dialetto che l'uomo capì e tradusse nel suo tedesco avventuroso. Era la madre. La figlia si chiamava Axenia e tutto di seguito chiese, senza nessuna soggezione, se la padrona aveva bisogno dei suoi servigi. C'era una certa sfrontatezza in tutto il suo atteggiamento e una sicurezza che mise la signora in imbarazzo. Fu turbata dal sorriso mellifluo della bocca mezzo sdentata, oscena, ma soprattutto dagli occhi, puntuti come due spilli. Si sentì spogliata, scoperta fino in fondo all'anima, incapace di reagire. Sorpresa, senza riflettere un momento, si sentì rispondere:

«Sì. Che venga al mio servizio.» Ebbe appena la forza di fare un segno al cocchiere di proseguire, anche lui stupito, pentita di aver iniziato quella conversazione.

Ritornò alla villa e scendendo dalla carrozza perse per un momento l'equilibrio. Un improvviso capogiro finì di scombussolarla. Si riprese. Che cosa l'aveva spinta ad agire in quel modo? Quando mai si era interessata al personale di servizio? Un pensiero la sconvolse più di ogni altro: si era lasciata andare, non aveva reagito adeguatamente. Quella vecchia aveva approfittato di un momento di debolezza per leggere nei suoi pensieri più reconditi. Non riuscì a reprimere un senso di vergogna e di irritazione. E quali erano i pensieri che la vecchia aveva intuito, che lei stessa percepiva così confusamente? Cosa l'aveva attratta verso quella ragazza al punto da farla uscire dalla sua abituale riservatezza?

Stordita, ancora instabile sulle gambe entrò in sala da pranzo e dopo qualche minuto, mentre alzava la tazza del tè notò la propria mano tremare. Posò la tazza sul piattino e fece venire la governante: con lei soleva scambiare ogni mattina quattro chiacchiere mentre faceva colazione.

Mitzi Greiner entrò dopo qualche minuto, immancabilmente seguita dalla sua gatta, quasi fosse stata un cagnolino. In realtà la gatta, una bellissima persiana dal pelo lungo setoso, di un bel giallo rossastro, anche se faceva finta di dormire su qualche sofà, appena sentiva il passo della sua padrona si alzava, sveglissima, curiosa, pronta a partecipare alla vita di casa. Si trattava di un animale di lusso, non abituato a mescolarsi con i tanti gatti randagi che circolavano nei dintorni; a lei bastava una breve passeggiata mattutina e un giretto in giardino, quando ne sentiva necessità. Per il resto sonnecchiava da qualche parte, con una particolare predilezione per le poltrone coperte di seta, i letti dai morbidi piumini e per tutto ciò che a un gatto normale non era permesso.

Pani Bodyinska, senza voler dar peso alla cosa, con voce insicura, disse di avere assunto una ragazza. Si chiamava Axenia. Che trovasse un lavoro per lei. Mitzi Greiner la fissò un momento stupefatta. Era in quella casa da più di vent'anni e mai fino a quel momento la padrona si era curata di assumere chicchessia. Poteva dire che la signora Bodynska non sapeva neanche quante persone avesse al proprio servizio. Tutto era sempre passato per le sue mani, dalle chiavi della dispensa a quelle degli armadi della biancheria, fino all'ultimo spillo, fino all'ultimo servitorello che aiutava in cucina. Frau Mitzi era temuta perfino dai cani e dai gatti che avevano il permesso di correre liberi nel cortile della villa.

L'onnipotente signora Rill l'aveva messa a fianco della figlia affinché non si sentisse troppo sola e tenesse in mano le redini del ménage familiare. Conosceva la poca praticità della figlia, la sua svagatezza. Era convinta che mai sarebbe stata in grado di organizzare alcunché.

Mitzi Greiner, sposata a un ufficiale dell'esercito austriaco di stanza a Cernowitz, capoluogo della Bukovina, dal 1774 parte della Galizia orientale, a ventisei anni era rimasta vedova. Anche nella guarnigione di Lemberg si parlò dell'incidente avvenuto durante un'esercitazione militare, della morte improvvisa del giovane ufficiale, e soprattutto della moglie sola, senza figli o altri parenti. La madre di Franzi pensò fosse un segno del destino. Appena concluso il fidanzamento della figlia le scrisse di venire a Lemberg proponendole il posto di governante nella nuova casa che si stava mettendo su.

Il futuro genero l'assunse senza battere ciglio, i problemi casalinghi non lo interessavano, senza contare che trovò la donna molto interessante; era infatti arrivata con un grosso baule e un piccolo cesto che teneva stretto fra le braccia. Disse di aver portato la sua gatta, appartenuta alla madre morta da qualche anno. Dichiarò subito che non si trattava di una gatta qualunque ma di una razza assai pregiata; aggiunse che sarebbe rimasta chiusa nella sua stanza e non avrebbe dato fastidio a nessuno.

Naturalmente non fu così. La gatta in realtà girava non soltanto in casa, anche nel giardino della villa, e un giorno accadde quel che doveva accadere: per una notte intera non tornò, nonostante la Frau Mitzi l'avesse cercata in tutti i giardini dei dintorni, chiamandola più che mai disperata. Quando la rivide capì la ragione di quel ritardo. Qualche tempo dopo ebbe un gran da fare per sistemare una nidiata di deliziosi gattini fra le famiglie di sua conoscenza.

La sua gatta attuale faceva parte della terza generazione. Come sempre, per non correre rischi, si era ripromessa di tenerla chiusa in casa. E come sempre non fu facile. Questa volta però fu più previdente, la portò infatti da un veterinario per farla sterilizzare, suscitando l'ilarità di tutto il personale di servizio: si era mai visto un caso simile? Una gatta sterilizzata! Nessuno però osò fare anche il più piccolo commento in sua presenza. La governante era una donna molto temuta e rispettata, l'unica dalla quale prendevano ordini e, quando necessario, rabbuffi.

L'incontro fra la Frau Mitzi e il signor Bodynski fu in realtà un vero e proprio scontro fra due mondi: da una parte la spavalderia del maschio primitivo sicuro di sé per il solo fatto di essere maschio, con l'aggiunta di un'arroganza derivata dalla notevole quantità di denaro depositato in banca; dall'altra l'alterigia nazionale dell'ancor giovane donna, superiore al padrone di casa per casta, educazione e cultura.

Ogni volta che i loro occhi si incontravano era come se duecento anni di supremazie, rivolte, umiliazioni venissero alla superficie, quasi una miccia pronta a prender fuoco. Fra i due si stabilì subito un rapporto assai ambiguo in cui collidevano motivi mascheratamente politici o sociali contro altri di carattere puramente sessuale. Attrazione e repulsione, desiderio di dominio di ambedue le parti, più una latente combattività comune nel loro carattere.

Mitzi Greiner era una donna volitiva, severa, non disposta a piegarsi alla volontà di nessun uomo. Cresciuta in una famiglia di militari dove il senso del dovere, della dignità rappresentava un punto d'onore di primaria importanza, aveva un grande rispetto di sé. Pur non disponendo di quella raffinata arte della seduzione che era il vero capitale della signora Rill, possedeva anche lei un certo fascino che si imponeva: nei suoi rapporti con gli altri c'era sempre una ricerca di giustizia, di chiarezza che metteva allo scoperto le insufficienze dei suoi interlocutori. La sua forza si basava tutta su una sorta di generosità, di superiorità che, soprattutto per tipi come *Pan* Bodynski, era motivo di grande disturbo, se non di irritazione, quasi una scommessa a chi avrebbe superato la prova.

Credeva di averla in mano avendole affidato la cassa delle spese per la casa e in generale tutte le responsabilità inerenti il ménage familiare. Ma si ingannava. Mitzi Greiner sapeva tenergli testa, le loro piccole lotte sotterranee non sortivano mai in vere e proprie esplosioni. La donna aveva preso l'abitudine di lasciare il campo di battaglia sempre un momento prima che i loro scontri trascendessero su toni troppo personali; contegnosa, piena di indignazione per il modo meschino col quale il padrone esaminava i conteggi che presentava alla fine di ogni mese, senza proferire una sola parola in propria difesa lo fissava soltanto con disprezzo, ed era tutto. Al contrario *Pan* Bodynski non nascondeva la gioia infantile che gli procurava la vista di quella donna altezzosa messa alle strette, finalmente irritata dalla sua piccineria. In realtà si fronteggiavano per somme irrisorie che *Pan* Bodynski senza batter ciglio lasciava al caffè come mancia, somme che spesso superavano il costo della consumazione. Era il suo unico modo per umiliare la fierezza di quella donna e con lei un certo tipo di società che continuava a trattarlo con condiscendenza, anzi con malcelato disprezzo, nonostante i suoi milioni.

Per la giovane Franziska al contrario Mitzi Greiner fu una seconda madre, rigida, a modo suo affettuosa e protettiva. Con decisione e autorità aveva assunto fin dal primo momento le funzioni di padrona di casa e come tale veniva riconosciuta dal personale.

Pani Bodynska continuò a vivere la sua esistenza di adolescente senza responsabilità, né doveri di sorta.

Gli Huzuli

«Lei dice che si chiama Axenia. Questo nome mi ricorda qualcosa... Axenia... Axenia... mi sembra un nome Huzule. Che lingua parlava?»

«Non lo so. Deve chiedere a Bazyli. È lui che ha parlato con lei, o meglio con la madre. La ragazza non ha aperto bocca.»

Mitzi Greiner fece chiamare Bazyli che si stava rifocillando in cucina, raccontando alle donne, con una infinità di particolari inventati sul momento, la storia dell'assunzione della ragazza. Davanti a Frau Mitzi non osò quasi fiatare, disse solo che la madre aveva parlato in uno strano dialetto ruteno che lui però aveva capito senza nessuna difficoltà... per farla breve, era convinto si trattasse di una Huzule, col permesso della padrona, lui di queste cose se ne intendeva...

«Credo proprio si tratti di una Huzule, se dobbiamo dar retta a lui.» Disse appena il cocchiere si fu allontanato. Si fece pensierosa. «Axenia è infatti un nome Huzule, la famosa amante di Doubusz.»

«Come fa a dire che è famosa? Non capisco, mi è sembrata una ragazza come un'altra e... poi l'amante di... come ha detto che si chiama? Doubusz.»

«È una storia vecchia di più di centocinquanta anni. La ragazza che ha visto non c'entra, si tratta solo del nome. Doubusz fu il più famoso capo degli Opryschki.» *Pani* Bodynska sapeva chi erano gli Opryschki, non per niente era andata a una mostra svoltasi a Lemberg una decina di anni prima insieme alla governante e a Valerie, la figlia, allora bambina.

La storia del capo banda Oleska Doubusz, o Dobosch, o Dowbusz come veniva chiamato in varie regioni, aveva impressionato madre e figlia forse in ugual misura: ogni sera, prima di addormentarsi bisognava rassicurare la bambina che il brigante era vissuto tanto, tanto tempo prima, e che in ogni caso non c'erano più Opryschki, qualche ladroncello sì, ma nessuna banda organizzata; l'amministrazione austriaca si era data un gran da fare per eliminare il brigantaggio di massa che imperversava in quelle regioni. Una lotta che l'aveva impegnata per più di mezzo secolo. Ancora nella prima metà dell'ottocento circolavano per tutta la Galizia, la Podolia fino alla Romania e Ungheria vere e proprie bande di fuorilegge che saccheggiavano interi villaggi seminando il terrore fra gli abitanti. Non venivano risparmiati neanche i rari viaggiatori che si avventuravano da quelle parti.

La leggenda, che nel corso degli anni aveva fatto di un comune bandito una specie di eroe popolare, continuava però a occupare le menti non solo di bambine impressionabili, anche di adulti amanti di storie misteriose. Doubusz era indubbiamente uno dei più famosi anche per via della sua invulnerabilità: un angelo inviato da Dio lo aveva preso sotto la sua protezione.

Pastorello, come tutti gli Huzuli, durante un pomeriggio di tempesta aveva smarrito le pecore affidategli dal padrone. Lampi e tuoni squarciavano il cielo. Da sotto un albero scorse il diavolo sopra una rupe nell'atto di provocare Sant'Elia. Doubusz fece un gran segno di croce e il diavolo sparì. Riapparve subito dopo e così varie volte di seguito: irritato da tanta tracotanza il ragazzo gli sparò addosso, o gli somministrò una bella bastonata, meglio ancora gli lanciò l'accetta, arma preferita degli Huzuli (ci sono varie versioni su come si svolsero i fatti). Un angelo, che aveva assistito a tutta la scena, si rese visibile. L'apparizione mutò il destino del ragazzo. Come per miracolo ritrovò le pecore smarrite e senza alcuna difficoltà le riportò al padrone. Questi però, furioso per il pericolo corso dalle sue bestie, urlando insulti e bestemmie si scagliò contro di lui. Non fece in tempo ad alzare il braccio... il ragazzo con un solo movimento della mano lo mandò a gambe all'aria. Sorpreso e spaventato dalla propria forza fuggì. Da qui ebbe inizio la sua gloriosa carriera.

Subito in tutta la zona si sparse la voce di quanto accaduto. Per confermare la sua invulnerabilità era però necessaria la famigerata prova del sale. A Kossowe (famosa per le sue saline) accorse una quantità di gente. Qui trovò una vasca già piena di acqua salata bollente, dove, secondo la tradizione, avrebbe dovuto infilare un piede, o una mano. Il ragazzo, senza farselo dire due volte, vi saltò dentro tutto intero e uscì dall'altra parte come se niente fosse e... si mise a suonare il flauto! Facile immaginare l'entusiasmo dei presenti.

La banda di Doubusz in realtà fu una delle tante, lui però – una specie di Robin Hood dei Carpazi – godette di grandissima fama per via delle imprese sempre spericolate e per la sua pietà: si raccontava che come la maggior parte degli Opryschki derubasse solo ricchi possidenti per poi distribuire ai poveri il frutto delle rapine. Che derubasse i ricchi era vero, che depredasse anche interi villaggi in tempi di miseria era una realtà che nel corso degli anni sempre più sparì dalla memoria della gente Huzule.

Per loro del resto il furto non era un reato, anzi motivo di fierezza, di vanto; in seguito alla mostra avvenuta appunto a Lemberg nel 1894 gli Huzuli attirarono l'attenzione di alcuni etnografi che ne studiarono la provenienza, gli usi, le tradizioni e l'origine del nome. Loro stessi si definivano chrestiany (cristiani) – werchwency (montanari) – e anche russki ludy (gente russa), mentre le popolazioni vicine, soprattutto verso la fine dell'Ottocento li chiamarono Huculy, derivato dal rumeno huc-ul-bandito, termine che in realtà era un insulto. Gli Huzuli erano conosciuti in tutta la zona dei Carpazi orientali, fra la Bukovina e la Romania. Di provenienza piuttosto oscura – ma di sicura origine slava, si diceva discendessero dai Goti, Sciti, Kumani e Mongoli, e di tutte queste razze conservavano le caratteristiche. In ogni caso un popolo di pastori della sorta più rude. In tutta la Galizia un Huzule era sinonimo di ristrettezza mentale, ignoranza ed estrema primitività.

Al colmo della sua fama, Doubusz l'invulnerabile, si innamorò della moglie di tale Stephan Dwinka o Dzwinczuk del villaggio Kosmacz, appunto la bella Axenia, ottenendone subito i favori: per una donna Huzule era assolutamente inconcepibile negarsi all'amore di un uomo. Un rifiuto avrebbe potuto significare pene indescrivibili e per tutta l'eternità. Una cosa sicura per tutti. Non per niente erano definite le 'parigine dei Carpazi', benché non fosse chiaro se per la loro bellezza, per i facili costumi o per il mal francese che pare portasse ogni donna come pegno d'amore. Il Dwinka, deciso a vendicarsi con le mani legate, data l'invulnerabilità del bandito, chiese alla moglie di aiutarlo. Di notte, dopo una scena d'amore orchestrata con grande astuzia, la bella Axenia riuscì a strappare il segreto dalla bocca stessa dell'amante: solo una pallottola d'argento prima messa a bagno in un intruglio di erbe e poi cosparsa di acqua benedetta da dodici messe, sparata accortamente nell'ascella del bandito avrebbe potuto ucciderlo! Altri riferiscono che la pallottola oltre a essere consacrata da ben dodici preti, dovesse portare una croce incisa sulla sua punta. Ad ogni modo la leggenda di Dalila si confonde magistralmente con quella di Axenia, che passa senza scrupoli da una parte all'altra. Una notte, dopo una rapina conclusasi in modo assai soddisfacente per tutti, escluso per i derubati, il capobanda decise di terminare la serata in bellezza recandosi dall'amata. Trovò la porta chiusa col chiavistello, una novità per ogni Huzule, dato che nei loro villaggi non usava chiudere le porte delle capanne. Doubusz stupito cominciò a tempestare la porta di pugni. Axenia gridò allora con voce canzonatoria: „La mia porta è di ebano e la serratura di acciaio. Scuoti quanto vuoi.

Resterai fuori"! le parole di una canzone popolare. Doubusz furioso afferrò la porta per strapparla dai cardini, alzando imprudentemente le braccia. Stephan, che aveva aspettato tutta la notte nascosto dietro un albero, sparò e colse nel segno. Colpito a morte, l'eroe riuscì a trascinarsi dai suoi compagni; prima di morire cantò ancora una canzone. Era infatti sua abitudine, dopo ogni ruberia, recarsi in cima a una rupe, nelle vicinanze del villaggio di Uscieputilla. Qui si esibiva in capriole e salti mortali, sull'orlo dell'abisso, per esplodere poi in canti di gioia che risuonavano per tutta la vallata. Cantò, questa volta fu però una canzone d'addio alla vita. Così la leggenda.

I suoi compagni costruirono con le loro armi una specie di portantina e lo trasportarono sulla cima della Czornahora: la sua tomba è ancora lì, dal 1745. Prima di morire lanciò la sua scure lontano da sé. Questa, attratta da una forza misteriosa, andò a conficcarsi profondamente in una crepa. Doubusz, con l'ultimo fil di voce che gli restava, fece il suo testamento: chi fosse riuscito a estrarre la scure da quella roccia sarebbe stato suo erede. Per anni fu cercato il tesoro nascosto (e ancora ai nostri giorni c'è chi giura sulla veridicità di questa leggenda) senza nessun successo. A quanto pare il diavolo se ne sta lì di guardia, giorno e notte. Guai al malcapitato viandante che si avvicina da quelle parti: una fitta nebbia si alza dal nulla, anche in pieno giorno, col cielo sereno e il sole che spacca le pietre. Accecato e confuso, il viandante imprudente precipita dal dirupo e più di uno ci ha lasciato la pelle.

Frau Mitzi attese la comparsa della ragazza, inquieta come la sua padrona.

Axenia, accompagnata dalla madre, si presentò soltanto a sera inoltrata. La vecchia sembrava fuori della grazia di Dio, affannata, sudata: la ragazza aveva trasgredito alle più sacrosante regole della tradizione. Solo di giovedì e alla luce del sole era permesso cambiare qualcosa nella propria vita. A conferma di ciò, era stato proprio di giovedì che la padrona si era fermata accanto a loro. Di giovedì aveva notato la ragazza, (anche se in realtà *pani* Bodynska aveva notato la ragazza già da qualche settimana). Di giovedì la sorte si era mostrata benigna e tutto sotto il sole. Lei lo sapeva fin dalla nascita che alla figlia era riservato un destino straordinario, Axenia era nata all'alba! Un segno propizio, un vero regalo del cielo. Fosse nata a mezzogiorno l'avrebbe lasciata morire per evitarle le sciagure che una vita miserabile riserva a tutti i comuni mortali. E ora dava un calcio a questi chiari segni del destino... metteva in gioco la sua fortuna fuggendo via! La vecchia per niente intimorita dalla presenza della padrona né dal luogo in cui si trovava, parlava con grande agitazione, rovesciando un fiume di parole sconnesse, gridando con voce rauca, avvinazzata. Bazyli si destreggiava come meglio poteva inventando parole, armeggiando fra tutte le lingue di sua conoscenza, cavando fuori una traduzione a dir poco fantastica, da far girare la testa. In quella confusione si riuscì a capire che Axenia non era affatto entusiasta di venire da *pani* Bodynska, e anzi era scappata nel bosco all'insaputa di tutti. La bomba scoppiò col sopraggiungere del buio, quando un Huzule incontrò la vecchia e le raccontò di aver visto la ragazza nel bosco mentre raccoglieva bacche e funghi. Un'imprudenza senza precedenti, se si considera il pericolo dei lupi, degli orsi, dei coboldi, delle streghe e di tutta la popolazione boschiva. Non fu difficile ritrovarla. La ragazza stessa col sopraggiungere della notte si era sentita sempre meno sicura nella solitudine del bosco e aveva subito risposto ai richiami della madre. Con tutto ciò non aveva rinunciato a protestare. La madre, dopo averle somministrato una buona razione di bastonate, l'aveva legata con la cintura di lana che ogni Huzule portava intorno alla vita sul camicione di stoffa ruvida, indumento tradizionale per i mesi d'estate, e soltanto così era riuscita a trascinarla, proprio come un asino recalcitrante. Una cameriera aveva introdotto le due donne nel salottino della padrona con l'aria schifiltosa di chi fa entrare in una casa di persone civili una puzzola o un altro animale selvatico del quale non si possono prevedere le reazioni: perfino la gatta era subito corsa a nascondersi sotto un divano, il pelo della schiena ritto, le orecchie abbassate.

Intanto che la vecchia sbavando raccontava la sua avventura, la signora osservava la ragazza da vicino. Era bella, piuttosto grossolana, le mani grandi, ruvide, anzi callose, da uomo; i piedi scalzi, neri di terra e di sudiciume; il viso abbronzato in cui l'azzurro degli occhi spiccava luminoso e trasparente. Intorno alla fronte, dove solitamente teneva il fazzoletto annodato, la pelle più chiara si perdeva fino all'attaccatura dei capelli e la carnagione scura del viso sembrava una maschera sovrapposta. Tutta la persona, un che di selvatico e primitivo, emanava un forte odore di muschio, di bosco, di aria notturna. Un odore che man mano però veniva soverchiato e annullato da quello della madre: stalla, fetori indefinibili, burro rancido col quale gli Huzuli usavano ungere i capelli, emanazioni corporali di dubbia provenienza cui si mescolava quello assai chiaro di tabacco di pessima qualità. Le due donne sembrava avessero portato in quella stanza la natura stessa nella sua elementarità: la notte, la campagna con i suoi profumi e l'essere umano rozzo, maleodorante. La stanza si riempì di quegli odori e di quelle presenze, in un contrasto che non poteva essere più stridente: da una parte un ambiente assai curato, in una profusione di mobili, tappeti, ninnoli di gusto un po' decadente, estremamente raffinato; dall'altra due creature primitive, trasandate, forti, esuberanti, che sembrava avessero più diritto alla vita che non quelle due donne sulla via del tramonto.

Pani Bodynska le studiò visibilmente turbata. Frau Mitzi si era alzata in tutta la sua statura, non riuscendo a contenere oltre la propria irritazione: cosa aveva visto la padrona in quella creatura puzzolente? Dopo qualche minuto di silenzio, ordinò a una cameriera di dare da mangiare alla madre e di mandarla via. La vecchia capì a volo tutta la situazione. Non si mosse, fissando ora l'una ora l'altra signora chiese con voce dura, rauca, quasi maschile, che alla figlia venisse corrisposto un compenso e cominciò subito a enumerare: per ogni anno di lavoro, di qualsivoglia natura, due gonne, due mantelli, due camicie con maniche ricamate a colori e non in bianco (specificò), due paia di sandali con calze di lana e invece di una pecora, come era uso, soldi in contanti, e cioè una metà ora, pagata alla madre e la seconda metà alla fine dell'anno, sempre pagata alla madre.

Bazyli tradusse e finì:

«Quante frustate mi ordina di darle? Faccio subito o rimandiamo a domani, alla luce del sole?» *Pani* Bodynska ebbe difficoltà a capire tutto, ma vide il viso di Frau Mitzi alterarsi sempre più e la sentì borbottare: «Detta condizioni!» Infine si rivolse alla padrona.

«Ha chiesto il compenso che solitamente viene pagato dai contadini ai servi. Né più né meno. Quasi fossimo anche noi dei contadini! Vuol tenere questa ragazza? Non sarebbe il caso di rimandarla subito da dove è venuta? Tanto, più di mangiare, bere, e... fumare, non credo sappia fare altro.» *Pani* Bodynska aveva continuato a fissare la ragazza senza ascoltare né le parole di Bazyli né il commento della sua governante; ogni tanto volgeva gli occhi verso la madre e si meravigliava che quella megera avesse potuto generare una tale creatura.

«Voglio tenerla. Non ho mai visto una creatura simile.» Mitzi Greiner sgranò gli occhi. Mai visto una creatura simile? E dove aveva tenuto gli occhi in tutti quegli anni? Le sarebbe bastato andare al villaggio per vedere una dozzina di ragazze come quella, se non peggio, più sporche e denutrite. Anche a Lemberg era possibile vederne a centinaia, bastava andare per strada tenendo gli occhi ben aperti.

«Dia dei soldi alla madre. Le dia anche da mangiare e le faccia qualche regalo, che se ne vada contenta. Le dica però di non farsi mai vedere qui. Se torna sarà per riprendersi la figlia.»

Pani Bodynska non aveva mai parlato con tanta autorità. Se ne meravigliò lei stessa. La ragazza uscì insieme alla madre accompagnata da Bazyli. Inoltre diede ordini che la ragazza venisse lavata – anche la testa per neutralizzare quel terribile odore di burro rancido – e che per carità la stropicciassero in tutto il corpo con una crema a base di glicerina, acqua di rose e succo di limone, per ammorbidire e profumare la pelle, o meglio per eliminare quel tanto di selvatico che si portava addosso. Ordinò che la vestissero con abiti da gente civile. Non voleva vedere in casa sua una persona scalza, con un camicione lungo fino ai polpacci, puzzolente e forse piena di pidocchi.

Frau Mitzi non osò contraddirla. Pensò fosse un colpo di testa, una storia di breve durata. Un modo per spezzare la monotonia delle sue giornate. Seguì le donne, perplessa, e oltremodo sorpresa: cosa si aspettava da quella piccola selvaggia? Con estrema severità controllò che fossero eseguiti gli ordini della padrona, intanto che la ragazza, nient'affatto entusiasta del bagno, della crema, della biancheria e dell'abito, non faceva che protestare, mettendo tutti in difficoltà. Soltanto dopo che fu lavata e vestita poté finalmente buttarsi come un animale affamato sulla cena che le venne servita in cucina, a tarda notte.

Una serata malriuscita

Uscite le donne, nel salotto tornò il silenzio.

Dopo qualche minuto la testa della gatta venne fuori da sotto il divano, timida, circospetta, fermandosi subito in attesa di nuovi eventi. Si guardò intorno e ancora molto titubante fece qualche passo in avanti; il trambusto di poco prima l'aveva messa in allarme. Finalmente, con estrema lentezza, si avvicinò al posto dove le due donne avevano piantato i loro piedi sporchi e, sempre guardinga, prese ad annusare quel pezzetto di pavimento: che ebrezza! Fu un'orgia di odori nuovi, intriganti per una gatta come lei, abituata a fare solo un giretto nel giardino, in un territorio ben delimitato. Non poté trattenersi a lungo e starnutì, due tre volte. Deve esserci qualcosa di molto piccante se è costretta a starnutire, pensò *Pani* Bodynska, sorpresa. Non sapeva che anche i gatti possono starnutire.

La stanza intanto era sprofondata nella penombra. La luce dell'unico candeliere rimasto riusciva a mala pena a scacciare il buio dagli angoli della stanza. Frau Mitzi uscendo aveva portato con sé uno dei candelieri, dimenticando per un momento le paure della sua padrona.

La notte, calata come una cortina nera sulla campagna, aveva portato non solo ombre, anche silenzio, un silenzio quasi palpabile: nessun passo lungo i corridoi, nessuna voce, nessun richiamo, dentro e fuori. Solo qualche leggero scricchiolio. Il buio e il silenzio invogliavano un tarlo a continuare la sua operazione di scavo lungo la gamba di un tavolo, mentre il legno di un vecchio armadio dava segni di vita, crepando misteriosamente con un tonfo improvviso. Fuori qualche grillo innamorato, anche lui solitario, spezzava il silenzio della notte col suo richiamo ancora timido, insicuro.

Pani Bodynska temeva il buio e il silenzio. Di notte, spesso sveglia, tendeva l'orecchio e sussultava a ogni piccolo fruscio. Qualcuno le aveva raccontato che le anime dei morti vagano senza pace, si aggirano inquiete nel mondo dei vivi. Soltanto a pochi è dato sentirle. Nessuno può vederle. Sono in tante. Gruppi sterminati di anime vanno a visitare le case, i luoghi in cui hanno vissuto, tormentate dalla nostalgia. Rimpiangono il poco tempo trascorso sulla terra e invidiano chi vive ancora, inconsapevole del dono immenso, unico della vita. Nelle notti di vento è possibile udirne le voci, i lamenti.

Rimasta sola, seduta nella solita chaise-longue dove trascorreva molte ore della giornata, si sentì svuotata di tutto. Non capiva il senso di quella storia. Fu come scivolare lungo una china. Qualcosa l'attirava irresistibilmente e non sapeva definirne la natura.

Cosa si era portata in casa e perché? Lei che non prendeva mai decisioni... e ora questa pazzia.

Non abituata a riflettere sulle proprie azioni, sempre convinta di assecondare volontà altrui, ora si vide costretta per la prima volta ad analizzare una situazione nuova della quale lei stessa era responsabile. Capì, e nello stesso momento sentì di essere sul punto di perdersi: quella ragazza esercitava su di lei un'attrazione cui non riusciva sottrarsi. Da qualche settimana, durante le sue passeggiate mattutine, l'aveva notata e ogni volta lo stesso rimescolamento, lo stesso turbamento come mai aveva provato. In quella persona aveva scoperto l'essenza di tutto ciò che aveva sempre fuggito, temuto, soffocato in se stessa come qualcosa di riprovevole, indegno: una bramosia animale di vivere, di godere in modo sfrenato, senza limiti, a lei del tutto sconosciuta.

Ciecamente aveva obbedito a una voce che non riconosceva come propria, che doveva pur esser parte di sé, ignorata, repressa da sempre. Una curiosità, un desiderio... un lasciarsi andare? La vecchia aveva capito tutto! Ecco perché le aveva subito proposto di prendere la figlia a servizio. Doveva aver sentito quel desiderio inespresso, quel cedimento carnale che lei non riusciva a definire. Anche lei, dunque, come tutte, non sapeva resistere a quello che la nonna paterna definiva il vizio più ripugnante in cui possa incappare un essere umano: cedere ai propri istinti, perdere il controllo del proprio corpo. „Una volta caduti nel fango è impossibile uscirne fuori", un commento della nonna paterna. E subito dopo non mancava mai di aggiungere „ognuno è artefice della propria miseria...", chissà quali sottintesi erano contenuti in queste parole.

A quale vizio aveva alluso la nonna?

Era giunto il momento di capire, di toccare con mano, conoscere l'altra faccia, quella oscura, cui si era sempre negata in una lotta continua che l'aveva assorbita al punto da farle perdere il vero senso della vita. Ora voleva scendere nell'abisso, se necessario, fino in fondo.

Un pensiero attraversò la sua mente lasciandole un vago malessere: che la vecchia l'avesse stregata? Ricordò lo sguardo pungente, il sorriso che mostrava una bocca con pochi denti neri di nicotina; un sorriso di intesa, ambiguo, che l'aveva raggelata. La vecchia conosceva molto bene il lato oscuro della vita e sapeva che è presente in ogni essere umano.

Il ricordo di quella megera le provocò un senso di nausea.

Quel sorriso l'aveva insudiciata, denudata.

Si abbandonò sulla chaise-longue e si coprì il viso con le mani. Confusamente sentì di non avere più scelta, di non poter più fuggire.

Frau Mitzi entrò portando la rosoliera di cristallo piena del liquore di rose, specialità di Lemberg, che la padrona prediligeva da qualche tempo a questa parte, da quando cioè era partita la figlia per Vienna. Sul vassoietto erano anche due minuscoli bicchierini, della grandezza forse di un ditale o poco più, anch'essi di cristallo finissimo. Senza una parola li riempì e ne porse uno alla padrona. Si sedette su una poltrona e prima di servirsi lei stessa aspettò che la signora bevesse il suo.

La serata poteva iniziare.

Senza fare cerimonie riempì di nuovo i due bicchierini e li lasciò sul vassoio. Una specie di rituale della sera. Quanti bicchierini bevessero così, silenziosamente, non sapevano loro stesse; ad un certo punto Frau Mitzi, dopo aver dato un'occhiata all'orologio, si alzava e si congedava dalla signora Franzi (lei sola continuava ancora a chiamarla così) ritirando il vassoio con i bicchierini. La bottiglia già vuota.

Di solito scambiavano qualche commento sulla giornata trascorsa, fra un silenzio e l'altro, in cui ognuna sprofondava in un vuoto di fantasie intraducibili in parole, pensieri che sempre più si annebbiavano, lontani dalla *'lucidità che a volte si manifesta di notte nelle menti di certi pensatori solitari'.*

Da quando la figlia Valerie era partita per Vienna, in quella casa, diventata silenziosa e solitaria, non accadeva più niente. Sposata da qualche mese con un ufficiale dell'esercito austriaco, subito dopo le nozze era partita, felice di andare a vivere nella capitale; ma soprattutto di allontanarsi da una madre depressiva e da un padre sempre in viaggio. Senza dire che quella vita provinciale, a suo dire, le toglieva il respiro. Ogni tanto arrivava una lettera da Vienna, impersonale, scritta più per dovere che per una vera necessità di comunicare qualcosa. Ogni lettera era una delusione. Frau Mitzi non capiva il motivo di quelle delusioni, sapeva quanto si fosse disinteressata della figlia, fin dalla nascita. Forse solo ora notava con maggiore lucidità il vuoto della propria esistenza e si accorgeva dello spazio occupato dalla figlia; della vita che, nonostante tutto, riusciva a comunicarle con la sua esuberanza, la voglia di vivere in continuo contrasto con l'atmosfera pesante, effettivamente irrespirabile di quella casa.

Quella sera c'era qualcosa di nuovo. Frau Mitzi, tesa come un arco pronto a scoccare la freccia, sbottò. Era furibonda, riusciva appena a controllarsi.

«Quanto tempo pensa di tenerla?» La voce era stridula, quasi l'ira le stringesse la gola. Perfino la gatta sobbalzò, era abituata alla voce della sua padrona, ma non conosceva toni simili. La signora Franzi, anche lei sorpresa da quel tono insolito, del tutto ingiustificato, alzò su di lei gli occhi velati come sempre da una leggera malinconia.

«Non so. Non ci ho ancora pensato.» Dimessa, sulle difensive, in qualche modo colpevole, come una bambina che ha commesso una marachella. Dopo un lungo silenzio, balbettò: «Si potrebbe educarla, farne una persona civile, insegnarle il tedesco...»

«Non se ne venga con la fantasia del buon selvaggio! Lei non conosce gli Huzuli.» La sua voce si inasprì ulteriormente. Poi esplose. «Sono tutti ladri, senza nessuna legge morale. Considerano legittimo appropriarsi della roba altrui... sono famosi per questo. Dovrò tenere d'occhio quella ragazza se non voglio che svaligi la casa.

Senza parlare poi delle donne e i loro facili costumi... anche per questo sono famosi! Cosa dire poi delle loro abitudini libertine? Gli uomini, accanto alla moglie ufficiale hanno una serie di concubine, accettate da tutti come una cosa normale, basta che si giurino fedeltà davanti a un pezzo di sale e due candele accese! I loro villaggi pullulano di figli illegittimi, nessuno ci fa caso.» La padrona tentò di interromperla, sbigottita da tanta irruenza: mai aveva visto la sua governante così irritata.

«Perché mi racconta queste storie? Vuole spaventarmi?»

«Del resto nelle loro famiglie gli animali contano più delle donne e dei bambini. Vivono come le bestie, in assoluta promiscuità. Nelle loro capanne puzzolenti si ammucchiano uomini, donne, bambini, vecchi, porcelli, pecore, oche. Il posto d'onore è riservato agli amatissimi cavallini, che vedi caso, loro stessi chiamano Huzuli! D'inverno se li portano perfino a letto, letto per modo di dire, perché le povere bestie non soffrano per il freddo! Tutti uno sull'altro...»

«Sono dei pony, ne ha avuto uno la nostra Valerie» e *pani* Bodynska sospirò pensando al giorno in cui il marito era arrivato con quell'animale villoso dagli occhi cattivi. La gioia della bambina e le sue proteste. Mai avrebbe permesso alla figlia di cavalcare un animale simile. Bazyli era riuscito a trasformare quel piccolo mostro in un elegante pony, lavato e strigliato a dovere. Solo gli occhi erano rimasti selvaggi. Tutta presa dai suoi ricordi non ascoltò i commenti della governante, finché cadde una parola che la colpì.

«...e picchiare le donne è considerato del tutto normale. Si figuri che le nozze vengono celebrate in chiesa, davanti a un prete, dato che sono cristiani, e lo sposo per sigillare la validità del matrimonio deve dare tre colpi alla sposa, pubblicamente, per dimostrare che in futuro farà il suo dovere di marito picchiandola ogni volta che ne sentirà il bisogno! Hanno anzi un proverbio che dice pressappoco 'se vuoi avere una buona moglie la devi battere come un pezzo di legno'» Dopo di che, senza aspettare che la signora prendesse l'iniziativa, trangugiò in un solo colpo un bicchierino di liquore, che in realtà piaceva anche a lei. La signora Franzi imitò il suo gesto, ma con più calma e per un secondo i suoi occhi scintillarono di una luce particolare.

«Solo gli uomini senza cultura picchiano le donne, è un segno di inciviltà. Mio padre non ha mai picchiato mia madre e mio marito, in generale non mi ha mai toccato con un dito.» Si interruppe. Un ricordo molesto si era affacciato. Lo ricacciò indietro. «Gli uomini senza civiltà usano picchiare le mogli. Ecco una verità assodata.»

Non aveva mai pensato alla possibilità che anche suo padre... Ora ricordò i furiosi litigi per via della Tante Melanie. E anche prima, per motivi assai misteriosi. E la nonna paterna vi giocava un ruolo di non secondaria importanza. Come aveva potuto dimenticarlo? Di solito i genitori si chiudevano nella stanza da letto e dopo quelle scenate la madre non si faceva vedere per alcuni giorni adducendo malesseri vari. La nonna allora veniva a prendere lei bambina e se la portava in casa sua: era lì che doveva sorbirsi le prediche della vecchia signora, i colpi di bacchetta sulle mani peccaminose perché osavano toccare certe parti del corpo.

Forse in quelle occasioni il padre aveva bastonato la madre come un pezzo di legno? Un pensiero che la scombussolò. Se lei poi non era mai stata picchiata non era certo stato merito del marito. Lei si era sempre arresa, mai aveva avuto il coraggio di opporre la minima resistenza, per ignavia, anche per paura; mai avrebbe lottato, si sarebbe opposta. Anche questa considerazione le lasciò un sapore amaro in bocca, qualcosa si ribellò in lei. Sapeva di mentire.

«Lei sicuramente non è mai stata picchiata, Frau Mitzi.» Meno sicura di sé, cominciò a dubitare delle proprie convinzioni. Mitzi Greiner riempì i due bicchierini senza parlare e ne passò subito uno alla padrona. Bevvero.

«Lei crede che solo gli uomini senza cultura, i poveracci, la gente incivile, gli ubriaconi siano gli unici a picchiare le loro donne? Mi perdoni, signora Franzi, lei è rimasta così ingenua come quando l'ho conosciuta io. Anche nella buona società, se necessario, gli uomini picchiano le loro mogli.» Ma si accorse subito di non aver detto ciò che pensava. Prese la bottiglia in mano e restò a mezz'aria colpita dalle proprie parole. „Che sto dicendo? Parlo senza riflettere. La violenza non è un fatto di civiltà o inciviltà e tantomeno di cultura: da che mondo è mondo il più forte ha sempre picchiato il più debole con o senza cultura, e le donne sono sempre state più deboli degli uomini. È solo una questione di forza, un istinto incontrollabile." Riempì risolutamente di nuovo i bicchierini e ne porse uno alla padrona. Questa continuava a tessere il proprio filo:

»Cosa vuol dire 'se necessario'? Quando è necessario picchiare una donna? E in generale, è giusto usare violenza contro chicchessia? Sono inorridita, non so cosa pensare, non la riconosco più. Lei accetta la violenza come una necessità. E quel disprezzo verso gli Huzuli... non avrei mai immaginato. Vivono Huzuli anche nel nostro villaggio? Come fa a conoscerli così bene?» Uno dei rari momenti in cui si permetteva di esprimere una propria opinione. Come per sigillare questo atto di coraggio mandò giù il contenuto del suo bicchierino con un colpo solo e sbarrò subito gli occhi. Si riebbe e tossì furiosamente: il liquore le era andato per traverso. La gatta appisolata sul divano, sobbalzò un momento, e si guardò intorno spaventata. Frau Mitzi allungò una mano e l'accarezzò per tranquillizzarla. Dopo di che bevve anche lei il suo bicchierino. Sentiva di essersi infilata in un ginepraio dal quale non sapeva come uscire.

«Credo di essermi espressa male...» e si lisciò i capelli con una mano, in un gesto abituale. Dalla tempia sinistra partiva una ciocca bianca che attraversava tutta la testa e finiva nella crocchia annodata dietro la nuca. Una ciocca che le conferiva un'aria di grande distinzione, facendola sembrare più giovane di quanto fosse in realtà. Non mostrava i suoi quarantacinque anni, forse per l'alta figura slanciata che aveva conservato dalla gioventù, per la scioltezza dei movimenti, e anche per quel maledetto spirito combattivo di chi non sa arrendersi, di chi nonostante tutto, è ancora in attesa che accada qualcosa di importante. No, lei non rinunciava al suo diritto alla vita, anzi era pronta a lottare fino all'ultimo per questo diritto.

Fu solo un momento di incertezza. Dopo un secondo scattò una molla e non riuscì a frenarsi:

«Ci sono donne che meriterebbero di essere frustate. Di questo sono convinta.»

«Dimmi ora quale donna secondo te merita di essere frustata e perché.» La signora Franzi nella sua agitazione non si era accorta di essere passata al tu. Frau Mitzi non lo notò nemmeno. Spazientita, infastidita sentiva di girare attorno a qualcosa solo per evitare di affrontare il vero nocciuolo di tutta quella discussione. Riempì di nuovo i bicchierini e ne porse uno alla padrona. Bevvero e già cominciarono a sentirne gli effetti. La governante sprofondò in un lungo silenzio. Pensieri indistinti e un nome che suo malgrado tornava con insistenza.

Axenia.

Ecco chi avrebbe voluto frustare.

Axenia non l'aveva neanche guardata. Se ne era stata lì davanti a loro, caparbia, gli occhi bassi, alzandoli solo per fissare sfacciatamente la padrona. Era questo il motivo della sua irritazione? La ragazza aveva qualcosa di inquietante. Un corpo che parlava un linguaggio chiaro, diretto. Tutto il suo essere era una provocazione. Pensò che la violenza è una reazione, quasi un richiamo inconscio della vittima... infine, anche la vittima ha le sue responsabilità, concluse. Anche questo pensiero non la convinse, anzi la irritò ulteriormente. Sentiva di invischiarsi sempre più. „Sarò ubriaca? Perché sono così incoerente?" La violenza. Ecco un tema sul quale avrebbe voluto discutere una serata intera, a mente serena, e non certo con la signora Franzi. Per una donna come lei si trattava solo di teorie, lo sapeva, un modo forse più eccitante di un altro di riempire un pomeriggio noioso in compagnia di qualche amica nel suo salotto di Lemberg.

Lei non sapeva niente di violenza, lei non osava guardare il mondo neanche attraverso i vetri della finestra.

La signora Franzi rinunciò a una risposta. Infine, volendo por fine a quella sgradita conversazione, commentò a mo' di chiusura:

«Lei stessa non è mai stata picchiata da nessuno e credo non ci sia al mondo un uomo che abbia mai osato sfiorarla anche solo con un dito.» Un lampo improvviso squarciò la mente ormai annebbiata della Frau Mitzi. „Tu non lo crederesti, ma c'è qualcuno che lo farebbe ancora adesso e con grandissimo piacere, se solo gliene dessi occasione." Bevvero ancora un bicchierino e Frau Mitzi dimenticò di rispondere.

Una serata non riuscita, anzi molto sgradevole. Nessuna delle due signore riuscì a liberarsi dal fastidio di quella discussione.

Tacquero a lungo.

«Si è fatto tardi. Credo sia ora di andare a dormire.» Frau Mitzi riempì un ultimo bicchierino, lo porse alla padrona e attese che la signora Franzi lo vuotasse, molto civilmente, prima di inghiottire con un colpo solo il contenuto del suo. La bottiglia di cristallo era vuota, come ogni sera.

Un sogno

Pani Bodynska si addormentò subito, più che altro per effetto dei numerosi bicchierini di *Rosenlikör*.

Quella discussione sulla violenza l'aveva amareggiata.

C'erano degli argomenti che la mettevano sempre a disagio. Il lungo pomeriggio di attesa, la serata, l'arrivo della ragazza, la presenza di quella megera, e infine le sue riflessioni avevano sconvolto il suo delicato equilibrio.

In realtà conosceva anche lei la violenza, ne aveva fatto esperienza diretta; era questa l'origine di quel lungo processo di scissione fra sé e il mondo reale che l'aveva impegnata per anni. Inconsciamente, una volta per tutte aveva scelto il ruolo della donna eterna bambina; rifiutandosi di crescere aveva preferito attraversare la vita come un'ombra. Già morta ancora prima di morire. Ombra fra le ombre. Sempre dietro un muro che la separava dalla vita che pulsava altrove, lontano da lei.

Fu un sonno agitato.

Una radura, da un lato un bosco buio, impenetrabile. Notte. Un gruppo di giovani amici, gente che sapeva di conoscere da sempre, se ne stava intorno a un grande fuoco chiacchierando animatamente. Lei in disparte, li osservava. Scommettevano, divertiti, se qualcuno di loro avesse il coraggio di scendere nel burrone al limite della radura dove si diceva dimorasse un mostro. Tutti ridevano, nessuno credeva nell'esistenza del mostro. Una coppia spericolata, un giovane e una ragazza, si dichiararono pronti a sfidare il mostro e ridendo si avviarono verso il dirupo. Uno dietro l'altra scesero e man mano sparirono alla loro vista. Non tornarono. Franzi, che aveva seguito tutta la scena con crescente inquietudine, si avvicinò sull'orlo del burrone subito accompagnata da un giovanotto di sua conoscenza e chiamò „Friederike – Friederike". Vide un'ombra bianca, una donna, fuggire da una parte all'altra nel fondo dell'abisso e pensò subito di venirle in aiuto. Il terreno era melmoso, sdrucciolevole. I piedi affondarono nella terra bagnata che franava sotto ogni passo. Si sentì scivolare attratta verso il fondo. Con i calcagni, pigiando con forza, cercò di mantenere l'equilibrio. Non trovò un appiglio, una pianta cui aggrapparsi con le mani, intanto che scendeva quasi si trattasse di una normale scala, senza gradini, però. Dietro di lei il giovanotto di sua conoscenza si sporse sopra la sua testa per ammonirla di non andare. Lei continuava a gridare „Friederike – Friederike". In quel momento un qualcosa di enorme si buttò su di lei, la gettò per terra premendola pesantemente col proprio corpo, mentre una forza brutale di natura indefinibile – non erano mani né altra cosa palpabile – le apriva le gambe con estrema violenza come per spaccarla in due. Un dolore lancinante. Sentì di essere squartata viva. Nello stesso momento una specie di testa senza occhi si abbassò sul suo petto, la bocca spalancata su denti neri appuntiti pronti a mordere. Con ambedue le mani afferrò quella testa affondando le dita in una massa di peli villosi come la criniera di un leone e tirò con tutta la forza di cui era capace. Un urlo salì dal profondo del corpo lacerando i polmoni. L'urlo si sciolse in un rantolo, un mugolio indistinto che si arrestò in gola. La bocca impastata, la lingua pesante, come paralizzata, non riuscì a produrre un suono: fu un grido che si ripercosse in tutto il corpo senza trovare una via d'uscita. Aggrappata alla coperta, le dita irrigidite dallo sforzo, sbarrò gli occhi nel buio. Sopra la testa sentì ancora i singhiozzi del suo giovane amico. Respirava appena, paralizzata dalla paura. Passò qualche minuto, lunghissimo, il cervello bloccato.

Finalmente le mani allentarono la presa.

„Perché ho fatto questo sogno, Signoriddio?" riuscì ad articolare. I pensieri tornarono a fluire. Il cuore smise di battere a precipizio per riprendere il suo ritmo regolare.

Si calmò, infine.

„Quel mostro e quegli amici che più o meno indifferenti assistono alla mia più terribile umiliazione, alla mia morte, chi sono? Tutta gente che conosco... nel sogno erano senza volto, senza nome. Io sola sono corsa ad aiutare, nessuno si è mosso. Quel giovane piangeva e io non so nemmeno chi sia. Piangeva ma non mi ha aiutato, non ha neanche tentato di salvarmi. Non sarà stato Kazimierz? No. Lui non è capace di piangere, e certamente non muoverebbe un dito per me. Mio padre? Sarebbe intervenuto, penso, mi avrebbe protetto. Lo avrebbe? Ne dubito, mi ha sempre disprezzato. Ho sentito come una volta parlando con la mamma dicesse 'quel pulcino bagnato di tua figlia.' Tua figlia e pulcino bagnato. Questo era mio padre. Un'altra volta si rammaricò di non avere un erede che portasse il suo nome. Kazimierz non ha mai accennato a questo, è sempre stato contento di avere una figlia, anzi ne è fiero.

O forse tace soltanto. Da anni, da sempre. Non ha mai parlato con me, non so neanche cosa pensi né mi sono mai curata di saperlo.

È stato lui a violentarmi? È lui quel mostro? Kazimierz? L'uomo elegante, cerimonioso che affascina tutte le mie amiche... un mostro? Chi è Friederike? Non ho mai conosciuto nessuna donna con questo nome, in tutta la mia vita. Franziska Friederike Bodynska!"

Il cervello prese a martellare: il suo secondo nome. Il nome della nonna paterna, Oma Fritzi, morta già da tempo. Di lei non aveva conservato un solo ricordo positivo. Quegli occhi duri, inquisitori avevano saputo trasmetterle un indefinibile senso di colpa, un malessere che aveva avvelenato tutta la sua infanzia. La nonna scopriva il peccato ovunque, in ogni piccolo gesto, in ogni parola, in ogni più innocente azione: tutto secondo lei grondava vizio; inoltre era convinta che soprattutto con le bambine bisognasse essere particolarmente severi. Loro erano l'origine di ogni male sulla terra; per colpa loro anche gli uomini avevano dovuto addossarsi il peso del peccato originale. Loro: tentazione e rovina di tutti gli uomini onesti. E durante le sue prediche non mancava mai di guardare la nuora in modo assai significativo. Lei bambina davanti a quella vecchia rigida, sempre vestita di scuro, intransigente con sé e con gli altri, si era sempre sentita un niente, un meno di niente, un niente sudicio, vergognoso. Non era mai stato facile affrontare quegli occhi e la sua morte era stata accolta come una liberazione anche dalla madre, che non aveva nutrito per lei nessuna simpatia.

Accese una candela che teneva sul comodino, accanto al letto e si alzò. Si versò un bicchiere d'acqua, lo bevve. I fumi dell'alcool erano quasi del tutto evaporati; quei quattro o cinque bicchierini di liquore conciliavano il sonno ma non andavano oltre. Con tutto ciò sentì un peso a una tempia. L'inizio di un'emicrania. Aprì la finestra. L'aria umida della notte entrò nella stanza. Respirò a pieni polmoni e affondò le braccia in quel buio quasi palpabile. Fu come essere avvolta da un telo di velluto, umido e leggero. Le sue braccia sparirono nel buio della notte, un gesto assai audace per una come lei che ovunque percepiva una presenza. La campagna intanto era stata invasa da una frotta di grilli e di rane. Un frinire, un gracidare assordante, quasi una gara a chi gridava di più. Un rumore rassicurante, naturale, che si sovrapponeva ad altri, provenienti dalla sua casa, che al contrario l'avrebbero messa in grande agitazione. *Pani* Bodynska ascoltò un momento, infine abbandonò la finestra e si rimise a letto lasciandosi cullare da quei canti notturni. Insistenti richiami d'amore.

Un sonno irrequieto. Immagini del sogno precedente, quasi un seguito, si mescolavano a scene verificatesi durante quella giornata; alcune volte si affacciò il volto severo della nonna paterna e ogni volta desiderò intensamente di svegliarsi.

Si svegliò varie volte per ricadere subito in un sonno leggero, ritrovando le stesse scene, un sorriso sardonico, una bocca che si apriva in una risata oscena e un'altra, piena di denti aguzzi pronti a morderla.

Sveglia del tutto si accorse di aver lasciato la candela accesa. Era rimasto solo un moccolo, anche questo sul punto di spegnersi. Vi soffiò sopra e l'alba si affacciò dalla finestra. Mai aveva visto con tanto sollievo quella luce pallida che pur col suo grigiore, riusciva a scacciare i fantasmi della notte.

Si alzò stanca, decisa però a interrompere quel martirio.

Indossò la veste da camera e suonò perché le portassero un caffè, una novità anche questa degli ultimi tempi: il caffè secondo lei era un antidoto contro il mal di capo col quale si svegliava quasi ogni mattina. L'emicrania si era già fatta strada e dalla tempia si era allargata a tutta la testa. Nessuno venne. La casa era ancora silenziosa.

Aprì la porta, percorse il breve corridoio che la separava dalla veranda e uscì all'aria fresca per svegliarsi del tutto. In quel momento qualcosa di bianco, una figura femminile attraversò mezzo barcollante il giardino e sparì verso il retro della villa. Senza riflettere un secondo corse dentro per venire incontro al fantasma, di certo un'anima smarrita lasciata indietro dai compagni della notte. Finalmente ne avrebbe potuto vedere una. Uscì dalla porta posteriore, ancora accostata, e si ritrovò nel cortile della casa. Niente. Non un'anima e silenzio, anche i grilli avevano smesso il loro concertino. Solo il cane alla catena diede un segno di vita brontolando inquieto, per subito ammutolire, ancora assonnato anche lui, o forse perché aveva riconosciuto la padrona. Non osò andare oltre. Tornò indietro, richiuse la porta e andò di nuovo sulla veranda. Guardò di nuovo in giardino già insicura.

Aveva sognato? Presa dal panico, senza pensare oltre, si precipitò al piano di sopra dove dormiva Frau Mitzi. Si fermò davanti alla porta della sua stanza, di colpo intimidita, poi senza riflettere oltre prese a tempestare con i pugni. Dopo qualche minuto la porta si spalancò e apparve una Mitzi Greiner del tutto imbambolata, in un lungo camicione da notte chiuso fino al collo, anche lei un fantasma nella penombra della sua stanza. Si stropicciò gli occhi ancora pieni di sonno, incapace di parlare.

La gatta anche lei svegliata di soprassalto, ne approfittò per fare quattro passi di buon mattino: con calma uscì dalla stanza della governante, dove usava trascorrere la notte e si avviò verso la veranda, rimasta aperta. Da lì sarebbe saltata in giardino.

Axenia

Pani Bodynska uscì per la solita passeggiata mattutina come in trance, dimentica di quanto era accaduto il giorno precedente, la notte, il sogno, la visione e il sedativo preso per ordine della sua governante che inoltre l'aveva costretta a tornare a letto; troppo presto per alzarsi, aveva solo borbottato. La testa pesava e una sorta di nausea la sconvolgeva tutta. L'emicrania era esplosa con violenza, nonostante il caffè.

Ritrovò i falciatori, i canti, i covoni, l'aria fresca odorosa di erbe e di terra, le montagne sullo sfondo e come ogni giorno cercò la ragazza fra le file delle contadine. Non c'era. Ordinò al cocchiere di andare più veloce per sentire l'aria sul viso, dirigendolo ora da una parte ora da un'altra, impaziente. L'uomo non si raccapezzava più, si confondeva, non sapeva da che parte andare. Infine gli ordinò di tornare indietro. Cercò ancora una volta con gli occhi la giovane donna nello stesso gruppo di raccoglitrici dove la ritrovava da qualche settimana. Le donne, sentendosi osservate, smisero di lavorare e si avvicinarono alla carrozza, in attesa – forse prendeva al suo servizio una di loro. Fu un momento di panico. Ricordò di colpo che la ragazza era già in casa sua. Agitatissima, con voce secca, nuova in lei, disse al cocchiere di tornare in villa, a rotta di collo, incitandolo impaziente ed evitando il solito giro fino alla ferrovia.

Anche quella mattina, al momento di sollevare la tazza del tè, notò il tremito della propria mano. Era in uno stato di estrema sovreccitazione e non sapeva perché. Arrivò come sempre la governante, seguita dalla sua gatta, anche lei rientrata dalla passeggiata mattutina.

La signora Franzi silenziosa, lo sguardo smarrito, ogni tanto fissava la donna, più che mai sulle sue. „È più svanita del solito", non poté fare a meno di notare la governante, e non se ne meravigliò, considerando la storia della mattina e le parole sconnesse che aveva dovuto sentire a proposito di un fantasma in giardino. „Adesso cominciano pure le allucinazioni", aveva pensato: anche lei conosceva la storia delle anime vaganti dei morti, – una delle tante leggende di quella regione – anzi era stata proprio lei a raccontargliela, non tenendo conto della particolare sensibilità della padrona.

La giornata trascorse senza ulteriori incidenti, eccettuato il particolare che era stata trovata Axenia nel suo paglericcio coperta di lividi in tutto il corpo: qualcuno doveva averla bastonata di santa ragione, con la massima brutalità. La ragazza restò distesa fino al momento in cui la fame la costrinse a scendere in cucina. Sembrava una piccola belva in gabbia, ferita, affamata. Furiosa. Era pesta e riusciva appena a muoversi. La cuoca si prese cura di lei, la medicò alla meglio e, cosa più importante, la rifocillò con molta generosità. Ci vollero dei giorni prima che la ragazza si rimettesse del tutto. Nessuno seppe cosa fosse accaduto. Fu anche inutile domandare. I suoi occhi si incupivano pieni di odio e taceva. La mattina si alzava sempre qualche ora dopo tutta la servitù ma nessuno ci faceva caso. Frau Mitzi aveva deciso di lasciarla in pace per qualche tempo affinché si abituasse al nuovo ambiente, proprio come si fa con un animale selvatico, aveva commentato.

Man mano si scoprirono alcune stranezze nella ragazza. Un nuovo divertimento per le donne che non mancavano di raccontare ogni novità alla governante: per tradizione, e pare si tramandasse di madre in figlia, il martedì, il venerdì e il sabato Axenia non usava pettinarsi né lavarsi, uno scongiuro che dava lunga vita ai genitori, così spiegò in cucina. Mangiava con un cucchiaio di legno, che aveva portato con sé e rifiutò ostinatamente di servirsi della forchetta. Disse di non saperla adoperare. Inoltre non ci fu verso di farle infilare le scarpe. Dichiarò che solo d'inverno avrebbe messo calze di lana e sandali, o meglio ancora degli stivali. Non volle mettere biancheria intima, mutande o camicia, né altri indumenti come le altre donne. Fu inoltre costretta a lavare il proprio camicione di stoffa molto rozza, tessuto da lei stessa, come sottolineò con molta fierezza, incrostato di sudiciume e impregnato di olio di lino, necessario, a suo dire, per dargli maggiore resistenza. Era così rigido che avrebbe potuto stare in piedi da solo! Ad ogni modo si sentì offesa nella propria dignità di Huzule, dove lo sporco non aveva niente di negativo. E poi fumava la pipa, come del resto facevano tutti gli Huzuli, donne, uomini e perfino i ragazzini.

La governante, persa la pazienza, le accordò di confezionarsi un altro camicione con stoffa più sottile. La ragazza si mise subito all'opera con molto entusiasmo. Purtroppo i risultati furono catastrofici. In realtà la ragazza forse sapeva tessere, ma non sapeva tenere l'ago in mano. La sarta di casa finì come meglio poté il lavoro fra i commenti e le risate delle altre donne. Axenia non batté ciglio. Fiera, senza capire una parola (le donne erano tutte polacche e Bazyli, quando era presente, faceva da interprete) ascoltava il loro cicaleccio senza prendervi parte.

La sera, dopo giornate in cui non accadeva assolutamente nulla, a parte i piccoli scontri con Axenia che però restavano nell'ambito della servitù, nel salotto della padrona di casa il silenzio pesava più di prima; le pause fra una frase e l'altra si allungavano in modo estenuante.

Qualcosa si frapponeva fra le due signore. La padrona, tutta impegnata a dimenticare la presenza della nuova domestica, era oppressa da sogni sempre più tormentosi e inspiegabili che continuavano a turbare le sue notti, in cui spesso tornava la porta, una specie di *Leitmotiv* di quell'estate. Una notte 'capì' cosa si nascondeva dietro quella porta, chi l'apriva, chi la chiudeva. Da sveglia fu colta da un'angoscia insopportabile: non ricordava niente, solo la porta e niente altro. Durante il sogno però lo sapeva! Da qui nasceva il suo malessere e anche la necessità di dimenticare.

Ebbe il vago presentimento di essere arrivata ad una svolta in cui la vita, quella reale, fino ad allora solo vagamente intravista da dietro le tende della sua finestra, si prendeva la rivincita, e pulsava imperativa impedendole di fuggire oltre.

La governante, al contrario, lontana dal capire cosa si stesse svolgendo nella mente della signora Franzi, fremeva dalla voglia di parlare, di protestare, di mettere alla porta quella ragazza che fra l'altro non serviva a niente, non faceva niente tutto il giorno e con le sue stranezze disturbava e distraeva la servitù dal lavoro.

Non capiva quel capriccio; spesso scuoteva la testa e ognuno sapeva a cosa stava pensando; con la padrona però sentiva che per il momento non era possibile parlare.

Così le serate trascorrevano in un silenzio denso di tensioni. Scolata la bottiglia di Rosenlikör, che sembrava aver perso il sapore di prima, si scambiavano la buonanotte e scontente, ognuna per motivi diversi, andavano a letto.

Col trascorrere dei giorni, facendo un grande sforzo su stessa, *Pani Bodynska* riuscì a non pensare alla ragazza Huzule e a quella megera di sua madre: ormai era convinta di esser stata stregata. La prima metà della giornata, con coscienziosità degna di miglior causa, si dedicava allo studio del pianoforte, almeno due ore, in cui studiava e ristudiava le sonate di Beethoven, Chopin, del quale aveva solo evitato gli Studi perché al disopra delle sue possibilità, e Schubert. Suonare per lei significava evadere, entrare in un mondo dove non era più necessario pensare con quella razionalità che aveva sempre temuto. Un'astrazione pura in cui mescolava sentimenti che, pur premendo da qualche parte in lei, restavano sempre su un piano cerebrale.

Aveva tentato di insegnare alla figlia ad amare quello strumento, o almeno a conoscere e apprezzare la musica, portandola in concerti o in spettacoli d'opera; Valerie, con sua grandissima delusione non aveva mai dimostrato nessuna interesse per una qualsiasi forma artistica. Lei preferiva cavalcare il suo cavallino selvaggio in corse sfrenate, e in generale divertirsi con giochi o passatempi, secondo la madre, di tipo mascolino.

I suoi pomeriggi invece erano dedicati alla lettura e al ricamo. Seduta insieme alla sarta, intanto che Frau Mitzi leggeva a voce alta un romanzo in voga, trascorreva ore e ore in quello che considerava la sola attività degna di una vera signora: creare a mezzo punto quadri di raffinatissima eleganza. In forma di cuscini finivano poi sui divani di casa o come paravento per i caminetti. Altri venivano incorniciati in quadri di gusto un po' decadente e allora si trattava di castelli medievali, dame settecentesche, paggi e altro ancora.

La sera, dopo cena, sedute nel salottino della signora Franzi, fra un bicchierino e l'altro, tornarono le carte sul tavolo. Era una vecchia abitudine riservata ai mesi estivi, quando per scacciare la noia, usavano concludere la giornata con una partita a ramino nella variante ungherese, più complicata, in cui era necessaria una certa concentrazione e molta abilità. Le poste erano minime e la signora Franzi disattenta, svagata, la testa altrove, si lasciava sfuggire quasi tutte le occasioni che avrebbero favorito il suo gioco, senza per questo perdere la calma. Frau Mitzi vinceva sempre.

A volte, se l'umore lo permetteva, se cioè non c'erano tensioni nell'aria, ascoltavano della buona musica. Il marito da uno dei suoi viaggi aveva portato un meraviglioso grammofono a tromba, un portento della tecnica, qualcosa che aveva tutti gli attributi per essere considerato opera di magia. Ormai avevano una piccola raccolta di dischi. A parte la musica pianistica, c'era qualche disco di Caruso con arie italiane che commuovevano in modo particolare la signora Franzi: nonna Francesca, alla quale doveva il nome, era italiana e le aveva insegnato i primi rudimenti della sua lingua e anche ad amare la musica. Ogni volta che era in visita da lei la sentiva cantare tante belle canzoni italiane intanto che cuciva o ricamava, o le serviva la merenda, sempre affettuosa, allegra. Solare. Tanto diversa dalla nonna paterna. La madre la lasciava lì intere giornate. I momenti più belli della sua infanzia.

Man mano la tensione cadde. Sembrò quasi che le donne avessero dimenticato la ragione dei loro inespressi malintesi.

La domenica del 15 agosto, di ritorno dalla solita passeggiata, questa volta insieme a Frau Mitzi, dato che erano andate a Messa nella piccola cappella del paese vicino, mentre bevevano una tazza di tè accompagnata da qualche biscotto fu bussato alla porta. Non fecero neanche in tempo a reagire che già questa veniva spalancata con slancio e una figura femminile si fece avanti. Dopo pochi passi però si fermò titubante e si guardò indietro: ai lati della porta la sarta e qualche altra donna della casa osservavano curiose e oltremodo eccitate la scena. La gatta, come un fulmine, corse a nascondersi da qualche parte, ogni novità la inquietava.

Era Axenia vestita a festa! Finalmente, dopo tanto lavoro, il suo costume era pronto e oggi, giorno dell'Assunzione, le donne avevano pensato di sorprendere le due signore con una parata di gala. Portava una lunga camicia bianca con maniche riccamente ricamate in rosso, giallo e nero, colori tipici degli Huzuli. Strisce di stoffa, ricamate separatamente con motivi geometrici a punto croce, venivano applicate sulla camicia già confezionata, solo sulle maniche a sbuffo. Sopra la camicia indossava una gonna rossa tessuta a mano con righe gialle e nere, fermata in vita da una lunga cintura di lana, la stessa cintura con la quale la madre l'aveva trascinata in quella casa. Un numero infinito di ciondoli completavano l'abbigliamento: catenine di rame ai polsi e al collo, alternate da altre di perline di vetro e di coralli; lunghi orecchini a cascata e sulle spalle le trecce cui erano state infilati fili di lana rossa. In cima alla testa trionfava un diadema di penne di pavone dal quale, sulla fronte, pendevano monete d'argento. Nonostante fosse ancora estate, aveva accettato di mettere, solo per poco, un paio di stivaletti di marocchino rosso, necessari per completare l'abbigliamento.

Axenia era sbocciata come un magnifico fiore carnoso, un fiore esotico stranamente trapiantato in quella serra piena di piante mezzo avvizzite. Alcune settimane di buon nutrimento, di riposo quasi assoluto – si era rifiutata di fare qualsiasi lavoro – i bagni serali cui era stata costretta, i massaggi con oli profumati – non era stato facile dissuaderla a usare il burro rancido per ungersi i capelli – erano bastati per fare di lei una splendida ragazza. Axenia era così felice come mai in vita sua: si sentiva bella, ammirata, elegante e ricca! Infatti il costume e gli ornamenti che portava erano tutti riservati alle Huzule ricche, non certo alle ragazze povere come lei.

Finalmente fece alcuni passi, si fermò un momento in mezzo alla stanza e come un meraviglioso uccello che fa la ruota per mostrare tutte le sue penne variopinte, si mise a girare in tondo, lenta, altera come una regina. Le due signore la fissavano sbalordite, senza proferire parola. Le donne Huzule erano famose per la fierezza del portamento, ma soprattutto per la bellezza e l'eleganza dei loro costumi. Alle fiere di Kolomea, Stanislau, Czernowitz e altrove le ragazze Huzule erano sempre al centro dell'attenzione generale. Ora ne avevano una in casa e non si saziavano di guardarla, non soltanto le due signore, tutto il personale. Fu una festa, e

Axenia godette di essere finalmente ammirata, coccolata, trattata come qualcosa di speciale.

Pani Bodynska eccitata dalla novità la sera entrò subito in argomento:

«Non sarebbe male educarla un pochino. Insegnarle per esempio a servire il tè, il pranzo. Posso immaginare gli occhi dei miei ospiti nel vedere un simile personaggio!» Mitzi Greiner sapeva già di chi si trattava: in fondo l'idea era venuta anche a lei. Vestire la ragazza in quel modo fantastico e farsi servire il tè. Sorrise divertita. Finalmente si era trovato il modo di utilizzare quella ragazza.

Axenia pur non essendo del tutto entusiasta, dato che non amava affatto il lavoro, come la maggior parte degli Huzuli che per principio scansano ogni fatica, si dichiarò pronta a servire il tè la mattina dopo, quando *pani* Bodynska sarebbe rientrata dalla sua passeggiata.

La sera fece qualche prova con lei, imparò a tenere il vassoio con due mani e per carità, guardare dove metteva i piedi (di nuovo scalzi) senza perdere di vista la teiera. La mattina seguente inciampò sul tappeto della sala e rovesciò tutto per terra! Per fortuna si trattava di una teiera di argento che ne uscì soltanto un po' ammaccata. Inoltre, con grande delusione della padrona, arrivò col solito camicione bianco e un ampio grembiule, anch'esso bianco, imposto dalla cuoca. Ci volle tutta la pazienza della Frau Mitzi, che fra l'altro non ne aveva poi tanta, per insegnare alla ragazza come si procede quando si tiene un vassoio in mano. La ragazza, sempre più maldisposta, si rifiutò con decisione di indossare il costume di festa per lavorare, un'eresia secondo lei. Così in fretta e furia, fu confezionato un secondo costume, e cioè soltanto un ampio grembiule, anche questo tessuto a mano, nel solito colore rosso, a righe gialle e nere più qualche filo di verde, che veniva annodato sul camicione bianco, parte integrante dell'abbigliamento Huzule. La ragazza, dopo una settimana, apparve in quel costume per modo di dire giornaliero, anch'esso festoso, anche se non così pregiato come il primo. Inoltre mise la metà dei suoi gioielli e lasciò il diadema per le grandi occasioni. Era bellissima: gli occhi brillavano di una nuova luce. Una luce di trionfo. L'attenzione, la curiosità delle donne e soprattutto l'aver vinto anche le resistenze della governante che era costretta a occuparsi di lei, le trasmetteva una leggerezza, una leggiadria che rasentava l'eleganza, senza contare che il costume con la sua gonna roteante le permetteva un'altra andatura, movimenti quasi di danza.

Quando finalmente riuscì a servire il tè, passò al pranzo e qui fu ancora più difficile chiarirle come porgere con garbo i piatti di portata, come togliere con cortesia un piatto o una posata. Non mancarono gli incidenti dovuti più a una provocante indolenza che a innata malacreanza, come ebbe a dire varie volte la Frau Mitzi. La ragazza era disorientata e spesso infastidita da regole che non poteva né voleva capire, cui si sottometteva assai di malavoglia: tutto quel cerimoniale di servizio era solo un capriccio di signori e niente altro. Questo si poteva leggere nei suoi occhi.

Axenia parlava sempre assai poco. Piuttosto selvatica nelle sue reazioni, non nascondeva però una forte emozionalità che traspariva nei lampi improvvisi d'ira a ogni malestro o incidente provocato dalla propria inettitudine. Si irrigidiva allora in tutta la persona e socchiudeva gli occhi fino a ridurle a due fessure taglienti come lame. Se avesse potuto, avrebbe incenerito il mondo intero. Il tutto si esauriva però nel giro di un secondo, senza lasciare traccia. Un fuoco che covava sotto la cenere, un vulcano sul punto di esplodere. Si adeguava alle richieste delle due signore, a quelli che considerava solo capricci, ma scalciava come un cavallo selvaggio.

Incantamento

Stranamente la ragazza cominciò ad occupare sempre più spazio nella casa; *pani* Bodynska la chiamava continuamente con una scusa qualsiasi per vederla, per averla attorno a sé. Ne era soggiogata, invaghita. Non si stancava di osservarla. Ammirava l'andatura, i gesti, quel modo di guardarla così diretto e quel corpo che giorno per giorno si assodava, libero da corsetti, busti e altri aggeggi che per lei avevano sempre rappresentato una costrizione, una limitazione. Si accorse ancora una volta di essere rigida, artificiosa, goffa nei movimenti, priva della naturalezza che ammirava nella ragazza.

C'era ancora dell'altro. Quella ragazza l'affascinava per la sua forte animalità, per la sana sensualità che traspariva da tutti i pori, per il piacere di avere un corpo, di essere femmina, piacere a lei negato da un'educazione troppo severa o da un innato senso del pudore. Solo adesso, a contatto con quella creatura del tutto priva di inibizioni, percepiva l'esistenza di altre cose a lei ignote, intuizioni che vagamente erano già affiorate quando per la prima volta aveva visto brillare negli occhi della figlia innamorata una luce nuova. O quando aveva sorpreso la giovane coppia su un divano, strettamente abbracciati, persi in un bacio lunghissimo che sembrava aver annullato il presente, il passato, il mondo intero. Era questo l'amore che lei non aveva mai conosciuto?

Si sorprendeva spesso assorta nella muta contemplazione di quella creatura, al punto da dimenticare se stessa. A volte, l'ago in mano sul punto di infilarlo nel suo canovaccio, cadeva come in estasi, fuori dal tempo, dallo spazio, in una sorta di astrazione, senza peso, fuori dalla realtà. Le sembrava di intravedere qualcosa di nuovo, sconosciuto; una leggerezza lontana e irraggiungibile; ma anche un senso di libertà che la spaventava: nostalgia di una vita che avrebbe potuto essere diversa. Sentiva di lasciarsi andare, di uscire da un vicolo buio e stretto nel quale era vissuta fino a quel momento, aggrappata a certi principi, divieti che avevano compresso e anche violentato la sua esistenza. Era come se, svegliata da un lungo sonno, la luce, il sole, la vita stessa in tutte le sue manifestazioni più primordiali la sommergessero in un mare di fremiti, di brividi di piacere mai prima immaginati. Era questo il peccato? Queste sensazioni deliziose potevano essere definite con la parola 'peccato'?

«Le si potrebbe insegnare a leggere e scrivere, in tedesco naturalmente...» osò una sera, mentre giocavano una partita a carte. Mitzi Greiner appoggiò le carte sul tavolino e la fissò un momento.

«Ha intenzione di aprire una scuola, qui? Lo sa bene che sono tutti analfabeti, dal cocchiere alla cuoca, alle domestiche e nessuno ne soffre. Come pensa che reagirebbero? E in tedesco, poi! Una Huzule... inimmaginabile!» Scosse la testa e riprese le carte in mano. In tal modo fu chiuso l'argomento; chissà come il giorno dopo in casa serpeggiò una specie di veleno: la padrona ha intenzione di costringere tutto il personale a imparare a leggere e scrivere e cosa ancora più orrenda, in tedesco! Dopo qualche giorno tornò la calma. Nessuno parlò più di tedesco e tanto meno di scuola.

Mitzi Greiner notava, con una certa inquietudine, quanto si stava svolgendo sotto i suoi occhi: l'interesse, le attenzioni, certi sguardi sia della padrona che della ragazza. Bastava che le due donne si guardassero perché una tensione, una strana eccitazione si diffondesse nell'aria. Era un accendersi e spegnersi improvviso di attrazioni, rossori, turbamenti a fior di pelle. Axenia già conosceva la faccia oscura della vita e non si ingannava sui desideri inespressi della sua signora. Ne interpretava gli struggimenti, le voglie che sapeva di suscitare e godeva segretamente. Era convinta di averla in pugno e non avrebbe avuto niente in contrario ad assecondarla, se soltanto ne avesse avuto occasione. E l'occasione si presentò qualche giorno dopo, quando la cameriera personale della padrona si ammalò. Chi avrebbe potuto vestirla, la mattina, chi svestirla la sera? *Pani* Bodynska, senza pensarci due volte decise che questo lavoro avrebbe potuto farlo Axenia, l'unica della servitù senza un'occupazione fissa. La governante aveva solo sgranato gli occhi, incredula e preoccupata: cosa si sarebbe mormorato in giro? Perché non prendere una cameriera anziana, già da anni al suo servizio e soprattutto più civile di quella selvaggia? Che ne sapeva lei di corsetti e giarrettiere? E come avrebbe potuto sbottonare i mille bottoncini dei suoi vestiti con quelle grandi mani da uomo?

Ognuno subito si chiese chi avrebbe potuto tirare Axenia giù dal letto, la mattina presto, quando la padrona, secondo la sua abitudine, voleva essere preparata per la passeggiata prima di colazione. Con grande sorpresa di tutti fu proprio lei la prima ad alzarsi e correre al richiamo della campanella: non poteva perdere l'occasione di vedere la sua padrona nuda, di sfiorarla, stringerla nelle vesti, pettinarla – cosa che non sapeva fare che però in pochissimo tempo imparò.

Per Franziska iniziò un periodo di grande sconvolgimento: le mani di Axenia, forti, maschili per via dei lavori cui era stata costretta fin dalla più tenera età, sapevano destare in lei brividi di piacere mai conosciuti. La ragazza dopo un primo approccio per saggiare il terreno, aveva capito che poteva permettersi molto di più, che la padrona non avrebbe protestato, al contrario che aspettava fremente quei toccamenti, quelle strane carezze sul seno, sui fianchi, lungo le gambe. Si trattava soltanto di stirare una piega del vestito, proprio sul seno; infilarle le calze lungo le cosce, indugiando più del necessario per metterle la giarrettiera. In ogni gesto si celava un sottinteso, una promessa di altri piaceri proibiti, il tutto nel più assoluto silenzio, quasi si svolgesse un rito di iniziazione.

La sera poi, quando dopo una giornata di attesa estenuante, in cui immaginava quelle mani percorrerla tutta in una carezza senza fine, quando finalmente risentiva quelle mani esperte sfiorare il suo corpo, prima sopra le vesti e poi sulla pelle, con qualche arresto ingiustificato che però le toglieva il respiro, non osava muoversi né reagire, tutta presa da quelle nuove sensazioni che la smarrivano. A questo si aggiungeva un forte odore di tabacco che subito riempiva la sua camera da letto, appena Axenia vi entrava: la ragazza ne era impregnata, come e più di un uomo. Se chiudeva gli occhi e sentiva quelle mani sul proprio corpo aveva l'impressione di trovarsi in presenza di un uomo. Di un uomo che non voleva niente da lei.

Quando poi giaceva sola nel suo letto si osservava, cercava di capire le reazioni del proprio corpo, si toccava per ritrovare le sensazioni provate qualche minuto prima e scopriva di avere un corpo sensibile, vivo; sentiva di essere sul punto di perdere il centro di se stessa, quella identità che aveva creduto esserle propria.

Per un certo tempo anche i suoi sogni cambiarono. La mattina dopo non li ricordava più, la porta che si chiudeva o misteriosamente si apriva sparì: le immagini che riusciva a ricordare avevano un sottofondo inquietante, morboso. E sempre l'attesa di qualcosa che da un momento all'altro era sul punto di accadere. Mitzi Greiner cominciò ad allarmarsi sul serio. Sospettava che nel chiuso della camera da letto la ragazza si permettesse gesti o azioni che andavano oltre i suoi compiti di serva e questo la irritava. Dietro quell'irritazione si nascondeva qualcosa d'altro, che non voleva confessare neanche a se stessa: era gelosa. E furente. In un primo momento non aveva saputo spiegarsi quell'interesse improvviso per una creatura così primitiva, grossolana anche se bella (non poteva negarlo), ora era tutto chiaro. La sua

Franzi stava scoprendo la sensualità, ecco di cosa si trattava, e proprio con una donna, anzi con una ragazza che non conosceva nessun freno morale. E con chi altro? si chiedeva, lei stessa turbata. Anche lei da tempo non aveva avuto un uomo. Una volta, anni prima, dopo un'ultima relazione finita in modo piuttosto tempestoso, aveva deciso di chiudere questo capitolo della sua vita; ora i turbamenti, le tensioni che correvano nell'aria coinvolgevano anche lei.

Axenia si era insinuata fra lei e la padrona approfittando della debolezza o labilità di quest'ultima per trarne partito. La signora Franzi apparteneva solo a lei, la madre gliel'aveva affidata scongiurandola di non abbandonarla mai. Le aveva detto che senza di lei non avrebbe potuto vivere.

Ora quella piccola selvaggia cercava un suo spazio, godeva dei suoi trionfi. E bisognava vedere l'arroganza che aveva messo su, le arie che si dava col resto del personale, non con lei naturalmente! Le venivano riferite frasi, modi di fare inauditi in una serva.

La ragazza, sempre più cosciente dell'attrazione e del conseguente potere che sapeva di esercitare sulla sua padrona, cominciava ad alzare la cresta. Se ne stava sempre appartata, non dava confidenza a nessuno e alle frecciatine, ai sorrisi ironici delle donne reagiva con studiata freddezza, anzi con alterigia. Spesso si assentava ore e ore per tornare poi fresca, le guance arrossate, felice. Alla Frau Mitzi che una volta la sorprese mentre correva in giardino, di ritorno da una delle sue scappate, disse, guardandola sfacciatamente negli occhi, qualcosa che la governante non capì. Era spettinata, il camicione sgualcito, sudicio di terra e di erba e lei stessa eccitata. Più che da una passeggiata, sembrava tornare da una lotta in cui non si capiva bene chi avesse avuto la meglio.

Con l'arrivo di settembre l'aria rinfrescò. La natura si preparò al riposo invernale. Gli alberi presentavano ogni giorno una veste diversa, passando da tutte le gradazioni del giallo ai toni di arancione, rosa, fino ad accendersi in un arcobaleno di rossi vividi, smaglianti o appena spenti, quasi un pittore stravagante durante la notte si fosse divertito a dare grandi colpi di pennello qua e là, all'impazzata. Anche i cespugli si coprirono di bacche rosse gialle bianche. L'autunno si ritirava dalla scena in bellezza, in un'ultima esplosione di colori. Fu uno spettacolo di breve durata. Man mano, giorno dopo giorno si notarono i primi cedimenti ai geli notturni. Cominciò il lento assopirsi di tutte le piante. Bastò qualche ora di vento per smorzare di colpo tutti i colori, per spogliare i rami delle foglie ormai superflue. Gli alberi già presaghi dei freddi futuri mostrarono le ossa, irrigidite, già mezzo congelate.

Pan Bodynski

A metà settembre arrivò il padrone, dopo circa tre mesi di assenza, un viaggio di affari, come aveva annunciato all'inizio di giugno. Praticamente aveva accompagnato la moglie in campagna ed era subito ripartito. A lui la campagna non piaceva, si annoiava e non aveva neanche la passione per la caccia. Veniva solo per discutere col suo amministratore su problemi inerenti il podere. Finite le discussioni avrebbe rifatto le valigie – per modo di dire, perché aveva al suo servizio Mikolaj, un ruteno, l'unico in casa, poco amato dal resto della servitù, tutta polacca, per il suo modo di fare arrogante – e sarebbe ripartito di nuovo per un qualche viaggio di affari inventato lì per lì. Non era neanche necessario chiarire dove andasse, quali faccende avesse da sbrigare: nessuno gli chiedeva spiegazioni, meno di tutti la moglie che non riusciva ad abituarsi alla sua presenza, neanche dopo vent'anni di matrimonio.

Kazimierz Bodynski era il tipico esempio di una generazione arricchitasi negli ultimi vent'anni del secolo precedente. Nato da una famiglia di poverissimi contadini, in una terra in cui quando pioveva affioravano grandi occhi di grasso – forse per questo non produceva altro che cipolle, del resto famose in tutta la Galizia, – già da bambino, insieme al padre e al fratello maggiore, aveva raccolto quella terra nera oleosa in piccoli recipienti per poi venderla al mercato. Si trattava di una pasta vischiosa (una forma di petrolio che scaturisce in alcune zone dei Carpazi) utilizzata per i più svariati usi: far fuoco, ungere le ruote delle carrozze, impregnare pelli, senza contare l'uso che ne facevano alcuni ciarlatani che la vendevano come toccasana contro ogni sorta di malattie.

Da quella pasta nel 1852 un farmacista di Lemberg era riuscito a ricavare un liquido quasi incolore che aveva delle potenzialità a suo dire miracolose: era nato il primo petrolio europeo. Subito dopo pensò di sfruttarne le possibilità costruendo la prima lampada a petrolio. Nel 1855 fece il primo esperimento illuminando per un periodo di prova l'ospedale di Lemberg. Tre anni dopo la Nordbahnhof di Vienna riprese l'iniziativa: fu un avvenimento che fece scalpore. Questo era appunto il petrolio o nafta, come veniva chiamato a Borislaw, una località a pochi chilometri da Drohobicz.

Poco tempo dopo un gran numero di speculatori inondò la zona di Drohobicz, che subito acquistò il soprannome di 'Pennsylvania dei Carpazi'. Fu una vera e propria corsa all'oro nero in cui quasi tutti i piccoli proprietari del luogo finirono col perdere ogni diritto sulla propria terra, bucata da pozzi praticati a poca distanza gli uni dagli altri con profondità mai maggiori a 12–15 metri. In poco tempo quella terra sembrò un paesaggio lunare. Un cratere dietro l'altro senza alcun metodo né giudizio, ignorando ogni norma di sicurezza o di igiene. Buona parte degli operai era costituita dagli ex-proprietari che, non avendo saputo prevedere le possibilità di un futuro guadagno, avevano ceduto per un piatto di minestra il loro campicello, nella maggior parte dei casi un pezzetto di terra di qualche centinaio di metri quadrati che non aveva mai prodotto neanche il necessario per sopravvivere.

La terra stessa venne lottizzata in modo assai caotico, per esempio ci fu il caso di un terreno di circa mezzo iugero, suddiviso in ben 115 parcelle. Le liti, i processi con relative spese per gli avvocati finivano con l'assorbire anche il magro guadagno dei petrolieri, per cui certi imprenditori che avevano iniziato senza capitali né criterio fallivano, si può dire, giornalmente. Solo più tardi alcune imprese, in parte estere, riuscirono, dopo faticosissime trattative, a unire diverse parcelle formando qualche compagnia petrolifera, sempre però con metodi poco professionali; a Borislaw il sistema di estrazione del petrolio grezzo rimase uno dei più primitivi e pericolosi che fosse possibile trovare in tutta l'Europa e forse nel mondo, tanto è vero che non passava giorno senza incidenti mortali dovuti a esplosioni ed emanazioni di gas, ma anche alla semplice caduta di operai in vecchi pozzi in disuso. Nessuno pensava di salvare quei disgraziati e i più vi restavano fino a che sopravveniva la morte.

Gli operai venivano pagati giornalmente, senza nessun contratto di lavoro, senza altro diritto che quello di lavorare dodici ore, giorno e notte, con una paga quasi nulla; trattati peggio di schiavi, se mancava mano d'opera accadeva che venissero reclutati con la forza, spinti nei pozzi e liberati solo quando avevano estratto una certa quantità di secchi pattuiti in precedenza. Vivevano in miserabili baracche di legno, ammucchiate disordinatamente, dove capitava, vicinissime ai giacimenti. Su 9000 operai 6000 erano ebrei, uomini, donne e bambini, considerati un sottoprodotto del genere umano. Borislaw aveva acquisito, come d'abitudine in quella regione, un soprannome, e cioè 'inferno della Galizia'. Per le strade del ghetto – strade per modo di dire, perché mancavano di selciato o di una qualsiasi base solida, per cui d'estate erano solo un immondezzaio puzzolente e polveroso, e d'inverno una specie di palude dove era pericoloso avventurarsi – giravano spettri in veste umana, figure miserabili, i cosiddetti '*Luftmenschen*' (uomini d'aria), neri, unti da quella pasta che erano costretti a raccogliere con le mani, denutriti, laceri. Uno spettacolo da bolgia infernale.

Il padre di Kazimierz era stato uno dei primi a cedere, come molti altri, il suo campicello per un mucchietto di denaro, inghiottito subito dai debiti. Il fratello della moglie, Jaroslaw, uno strano tipo di contadino cocciuto, non aveva voluto vendere il suo terreno a nessun prezzo. E fu proprio lui a fare la fortuna della famiglia. Morì qualche tempo dopo lasciando il suo pezzo di terra all'unica sorella.

Proprio in quel periodo ci fu la seconda ondata di imprese petroliere, questa volta grandi compagnie decise a metter fine a quel dilettantismo da pionieri. Furono costituite alcune società con sistemi di tipo industriale quasi moderno, investimenti di grossi capitali e importazione di torri di trivellazione dall'America che potevano raggiungere profondità fino ad allora inimmaginabili, realizzando in tal modo un ottimale sfruttamento dei giacimenti con maggiore profitto anche per gli azionisti.

Kazimierz seppe approfittare di un'offerta fatta da una importante compagnia francese, una transazione molto vantaggiosa con partecipazione agli utili. Non si lasciò sedurre da una bella somma di denaro, come era accaduto al padre, preferì aspettare, lavorando duramente come aveva fatto fino ad allora. Fu solo questione di tempo. Nel giro di pochi anni il nome Bodynski diventò sinonimo di ricchezza.

Il padre non poté godere del benessere né dell'abbondanza che negli anni seguenti avrebbe conosciuto la sua famiglia. Già malato durante le trattative, morì non ancora quarantenne, distrutto dalla fatica, dall'indigenza, e dalla malattia polmonare tipica per la maggior parte degli abitanti del luogo. L'aria infatti era appestata dai gas emanati dai pozzi che erano porta a porta con le abitazioni degli operai.

In quella zona la mortalità infantile toccava cifre altissime. Di dieci figli erano sopravvissuti solo Kazimierz e un suo fratello maggiore, Jaroslaw, che dallo zio aveva ereditato non soltanto il nome ma anche il carattere bizzarro. Aveva lasciato il paese ancora prima che arrivassero i grandi soldi, stanco della miseria e delle speranze campate, secondo lui, in aria, ed era emigrato insieme a migliaia di altri disperati in America. Alcuni anni dopo arrivò una lettera di un notaio statunitense per annunciare la morte del cliente avvenuta in circostanze misteriose. Alla madre e al fratello minore lasciò un bel gruzzolo di dollari.

Kazimierz Bodynski nel corso degli anni seppe amministrare vantaggiosamente le entrate provenienti dalla compagnia petrolifera francese lanciandosi in speculazioni, a volte rischiose, che gli procurarono grossi utili e un certo prestigio nel mondo degli affari. Man mano investì parte del capitale in proprietà terriere, lasciando sempre una buona riserva di liquidi all'estero, di preferenza in banche svizzere. Conservò solo alcune azioni della compagnia francese per avere un motivo che giustificasse i favolosi e lunghi viaggi che intraprendeva a Venezia, Costa Azzurra, Merano.

Ora era un uomo fra i quaranta e i cinquant'anni, e non fosse stato per alcuni fili bianchi, soprattutto alle tempie, ne avrebbe dimostrato una decina di meno: di media statura, barbetta e baffi neri, curatissimi, perfettamente impomatati, era sempre vestito all'ultima moda non senza qualche eccentricità. La figura non appesantita dagli anni aveva conservato l'elasticità e la prestanza della gioventù, cosa di cui sembrava essere assai fiero. Vanitoso e viziato dall'eccessivo benessere era convinto che col denaro avrebbe potuto acquistare tutto. Quasi tutto. Ma anche con la limitazione del 'quasi' era pienamente soddisfatto. In realtà non c'era niente che non avrebbe potuto realizzare con l'aiuto del denaro, eccettuato il calore domestico. Franzi non si era mai piegata ai suoi desideri, non per cattiveria o allure rivoluzionarie, per una sorta di naturale impotenza. Vivere insieme a lei era stato come coabitare con una bambina incapace di capire un uomo, le sue esigenze o anche soltanto le sue richieste; una bambina inoltre assai vulnerabile, estremamente sensibile, di una sensibilità morbosa. Secondo lui si trattava di nervi: un'isterica malata di malinconie – del resto la malattia di moda – chiusa in un mondo nel quale era pressoché impossibile penetrare. Aveva pensato più di una volta a una cura psicologica della quale aveva sentito parlare, poi aveva lasciato perdere. Franzi non si sarebbe mai mossa dalla sua casa e un viaggio a Vienna dove appunto risiedeva quel dottore, un ebreo che si diceva curasse questo tipo di malattie, era da escludere: ogni spostamento, ogni novità la metteva in stato di agitazione, scombussolava il suo fragile equilibrio. Da lei ormai non si aspettava più niente e in realtà già da tempo aveva perso la speranza di stabilire un rapporto normale. Si chiedeva come avesse potuto sposare quell'essere amorfo, quella persona così diversa da lui e dalle donne che frequentava. Mai avrebbe ammesso che in realtà quel matrimonio era nato solo per volontà della madre di Franzi. Un abbaglio, una leggerezza che pagava ormai da circa venti anni.

D'altra parte l'attrazione per le donne mature era sempre stata una sua debolezza. Più di una volta si era scottato le dita, – e continuò a cascarci anche in seguito – ma furono storie nate male e morte ancora peggio. La madre di Franzi, la sua donna ideale, l'aveva catturato con quel fascino viennese che aveva sperato di trovare nella figlia. La sua vicinanza, l'essere imparentato con lei gli avevano dato l'illusione di poterla conquistare, un giorno; la suocera, di carattere assai mutevole, lo aveva presto deluso. Dopo il matrimonio della figlia si era sottratta a ogni tentativo più o meno velato di lui, senza contare che pochi anni dopo si era trasferita di nuovo a Vienna.

Con Franzi era entrata una seconda donna matura nella sua vita, Mitzi Greiner… un tema ancora e sempre attuale. Anche qui speranze, delusioni che si ripetevano a distanza di anni, sempre con lo stesso sarcasmo, lo stesso disprezzo da una parte, la stessa vanità ferita dall'altra.

Per fortuna nonostante l'isterismo Franziska era riuscita a dargli una figlia, e fu per questa figlia che *Pan*Bodynski non andò via di casa: Valerie fu il grande amore della sua vita. Si innamorò della bambina fin dalla nascita. Quando la maggior parte dei padri vedono solo un mucchietto di carne strillante e niente altro, lui vi scoprì la vita con tutto il dolore che essa comporta. Interpretava il suo pianto come un grido di aiuto e correva a prenderla in braccio, giorno e notte, per consolarla, cullarla: tutti dissero che non si era mai visto un padre come lui. Attraverso la sua bambina conobbe quell'amore che lui stesso non aveva mai conosciuto; provò emozioni nuove, tenerezze insospettate che solo una creatura innocente può suscitare. Non ricordava di aver mai visto la propria madre affettuosa, paziente, curarsi di lui bambino; sempre stanca, impegnata in una disperata lotta per la sopravvivenza, considerava l'amore e ogni sua manifestazione superflua, un lusso da gente ricca.

Amò la figlia con tutta la passione di cui era capace e la protesse (benché non ce ne fosse mai stato bisogno) contro tutto e tutti. Fu un miracolo se la bambina non venisse soffocata da quell'amore esclusivo: qui il ruolo di Mitzi Greiner fu di fondamentale importanza. Lei almeno non perse la testa, pur amando la bambina come fosse stata sua figlia. Valerie in seguito riconobbe nella propria governante la sola persona che aveva saputo infondere un senso di stabilità, di equilibrio alla sua infanzia; il padre era stato l'allegro compagno di giuochi, l'uomo che aveva più ammirato e amato, ma le regole su cui basare la propria vita le venivano tutte dalla governante e da nessun altro.

Turbamenti

L'arrivo del padrone spezzò l'equilibrio del resto piuttosto fragile della casa. Fu come un'ondata che travolse tutto, lasciando dietro di sé solo detriti, frammenti di vita, ferite che non si rimarginarono più, neanche negli anni a seguire.

Già l'incontro con la moglie fu più freddo del solito. Visibilmente dimagrita, anzi deperita, inquieta, con qualcosa di spiritato negli occhi, aveva un che di sfuggente, una sorta di sovreccitazione costante. Kazimierz si chiese subito cosa fosse accaduto in quei mesi di assenza. Smemorata, era assorbita da un pensiero che la occupava ininterrottamente e del quale sembrava essere posseduta. Ascoltò appena il resoconto del suo viaggio, in buona parte inventato dato che aveva trascorso un bel po' di tempo a Baden vicino a Vienna, in compagnia femminile, dove purtroppo era stato visto da conoscenti della figlia. Fu gentile, paziente anche perché temeva un qualche accenno riguardante gli ultimi tempi. Non venne niente, nessuna reazione. In realtà Franziska non reagiva mai e Kazimierz avrebbe preferito una gran scenata di gelosia a questa totale indifferenza.

Valerie molto saggiamente non aveva riferito niente alla madre e anzi aveva messo a tacere qualche voce pettegola con spiegazioni trovate lì per lì per giustificare il comportamento del padre. Mai avrebbe tradito il padre, anche se le sue scappatelle galanti la irritavano più di quanto avesse voluto ammettere. Il padre continuava a essere il grande amico condiscendente, l'allegro compagno della sua infanzia, con qualche debolezza che cercava di giustificare con la freddezza della madre.

Kazimierz notò la sua disattenzione, il disinteresse più spiccato che in passato. L'attribuì a uno dei suoi soliti stati d'animo cui era abituato da tempo. Pensò fosse giunto il momento di ritornare in città e di lasciare la campagna che secondo lui aveva un influsso negativo sul temperamento così sensibile, solitario della moglie: qui non incontrava nessuno, si isolava, evitava ogni contatto col mondo esterno, vivendo in un rapporto del tutto simbiotico con la sua governante, dalla quale del resto dipendeva in modo quasi assoluto. *Pani* Bodynska non disse né sì né no. Sembrava non aver capito. Il marito ripeté che intendeva tornare in città prima che la neve rendesse difficoltoso ogni spostamento.

«Ah, sì, prima della neve...» mormorò trasognata.

La cena fu servita da Axenia.

«Chi è questa bella creatura?» chiese Kazimierz appena scorse la ragazza ferma sotto l'arco della porta della sala da pranzo in attesa che la governante le facesse cenno di avvicinarsi.

Axenia bruciava dalla voglia di vedere il padrone. Finalmente un uomo in casa! Tutto il tempo aveva trattenuto a stento il suo disprezzo: una casa senza uomo è come un albero senza frutti e una donna senza un uomo secondo lei non aveva nessuna ragione di esistere. Lo aveva spiato al momento in cui era sceso di carrozza (Bazyli era andato a prenderlo alla stazione vicina) e ne era rimasta incantata. Benché non così alto come gli uomini Huzuli, né imponente e senza i capelli lunghi fino alle spalle come portavano tutti gli uomini della sua razza, ne fu tuttavia subito conquistata. Il pomeriggio trascorse in un'attesa febbrile. Non vedeva l'ora di servirlo a tavola. Per questo, per festeggiare (o sedurre) il padrone di casa, mise il grande costume di parata; solo il diadema di piume di pavone non le fu permesso di portare. La cuoca fu irremovibile.

Ora, in mezzo alla porta della sala da pranzo, la testa coronata dalle due trecce nere in cui si mescolavano fili di lana rossa e bottoni di rame (segno che era in età da marito) sembrava addirittura essere cresciuta di statura, forse per il portamento altero della persona, per il modo di protendere il busto, per la corona di capelli. Kazimierz indovinò di primo acchito la persona che aveva davanti a sé: il messaggio fu subito captato. Sorrise stupito. Come era potuta entrare nella sua casa una ragazza simile? Mai avrebbe immaginato che fosse stata proprio la moglie a prenderla a servizio. E che fierezza, che portamento regale! Divertito le fece cenno di avvicinarsi, e la guardò quasi svestendola, assaporandola come un frutto maturo, godendo anche solo nel guardarla. I suoi occhi si accesero, brillarono di una luce nuova. Uno strano sorriso pieno di curiosità, di attesa rischiarò tutto il viso. E la voce. Una voce mai sentita, dolce, suadente, avvolgente come una carezza. Lui sapeva sedurre solo con la voce.

Franziska Bodynska sentì un brivido lungo la schiena: che scena era quella? Bastava che gli occhi di Axenia incontrassero quelli di lui, o si posassero sulle sue mani mentre afferrava il cucchiaio per mangiare, o peggio ancora, fissassero la sua bocca che si apriva con una nuova sensualità per accogliere il cibo, perché la ragazza vibrasse di un fremito incontenibile, quasi animale: ebbe l'impressione di assistere a un vero e proprio accoppiamento, un qualcosa di primordiale che accadeva lì, davanti ai suoi occhi. Ogni sguardo era una richiesta, un desiderio. Si sfioravano con gli occhi soppesandosi, riconoscendosi come pari. Axenia, i pomelli accesi, sembrava aver perso la dimensione del tempo e dello spazio. Nuotava, vagava nell'aria in una sorta di incantamento. E lui godeva di vederla già pronta, già in attesa delle prossime ore.

La signora Bodynska si svegliò di soprassalto e con lei Frau Mitzi, che come sempre prendeva i pasti con i signori. Fu come un fulmine improvviso e inaspettato, un colpo di vento furioso che trascinò tutti in un turbine di tempesta.

Pani Bodynska non riuscì a inghiottire neanche una cucchiaiata di minestra, la gola chiusa, stretta in un nodo. Capiva. Ora sapeva interpretare quei segnali e ogni sguardo, ogni più minimo movimento delle sopracciglia di lei, di lui, le causavano uno struggimento viscerale mai provato prima. Era gelosa. Quei segnali fino a poco tempo prima erano indirizzati a lei, solo a lei. Tradimento: avrebbe voluto urlare.

Frau Mitzi ingoiava veleno. Anche lei capiva tutto.

Kazimierz al contrario mangiò con grande appetito, anzi lodò la cuoca per l'ottima cucina, dichiarando che così bene poteva mangiare solo in casa propria, una delle sue tante bugie, dato che fuori, nelle varie città e nei vari alberghi di lusso dove usava trascorrere buona parte del tempo, non aveva mai rimpianto la cucina casalinga. Ma quella sera effettivamente tutto ebbe un gusto particolare, tutto fu più saporito, più eccitante. Non fece che parlare della sua terra, anzi esplose in lui un amore sviscerato per quella patria amata, carica di sapori, di bellezze tutte da scoprire, anzi da denudare! A ogni espressione di amore Frau Mitzi alzava le sopracciglia, mentre *pani* Bodynska si sentiva venir meno.

Axenia, ignara di tutto, (il padrone parlava in tedesco per rispetto alle signore) andava e veniva come in sogno, con le portate che sembrava non dovessero più finire. La cuoca voleva festeggiare anche lei il ritorno del padrone di casa. A volte le sfuggiva un sorriso, un riaversi improvviso quasi prendesse coscienza del luogo e delle persone. Era solo un istante. Gli occhi scintillavano subito freddi, in un'espressione a lei del tutto familiare. Con un movimento rapido delle ciglia scacciava via quell'accenno di trionfo che avrebbe potuto tradirla, per perdersi di nuovo, per vagare fra stanza da pranzo e cucina.

Kazimierz, senza preoccuparsi delle due signore sedute rispettivamente alla sua destra e alla sua sinistra, lanciava rapide occhiate ora sulle mani robuste che lo servivano, ora lungo il corpetto florido del costume stretto alla vita da un'ampia cintura colorata, per risalire fino al collo, al mento, alla bocca semiaperta... e la seguiva con gli occhi in tutti i suoi movimenti. Mangiava e sorrideva sempre più compiaciuto, anzi divertito: ci mancò poco non le desse un colpetto sul sedere come avrebbe fatto se fosse stato solo, sentiva però la tensione della moglie e la rabbia della governante; vedeva il tremito delle loro mani; osservava in un misto di soddisfazione e inquietudine lo sforzo assai visibile delle due signore di padroneggiarsi.

Dopo cena, *Pan*Bodynski portò nuovi dischi per il meraviglioso fonografo. Frau Mitzi arrivò con la rosoliera e un bicchiere a parte per il padrone: lui non amava il Rosenlikör del luogo, preferiva un Cognac. Si sedettero. C'era un certo imbarazzo. Le due donne non si erano ancora riprese dalla cena, e *Pan*Bodynski era assente. Un sorriso errava sulle sue labbra. Fumava un sigaro perso nelle sue fantasie.

Infine Mitzi Greiner ruppe il silenzio. Con severità, quasi volesse richiamarlo all'ordine:

«Ha visto la nostra Valerie? Ha trovato il tempo di andarla a trovare?» Kazimierz Bodynski ebbe un sussulto. La figlia. Che avesse scritto qualcosa alla governante?

«Sì, l'ho vista, ho trascorso una settimana a Vienna e devo dire che l'ho trovata molto bene, sì sì, proprio bene...» Non sapeva cosa dire. Si interruppe imbarazzato. La domanda della governante era stata una doccia fredda, un ritorno alla realtà. Voleva alludere forse alla gioventù di Axenia, che poteva essergli figlia, o aveva altro per la testa? Con Mitzi Greiner doveva stare attento, anche perché non riusciva mai a indovinarne i pensieri.

Solo una volta si erano capiti a volo, quando qualche settimana dopo il suo matrimonio, nel lontano 1886, nella villa di Lemberg, l'ancor giovane ma non meno decisa governante gli aveva chiesto un colloquio a quattr'occhi. Era venuta a sapere che due stanze sul retro della casa, occupate da una vecchia parente del padrone con la sua infermiera, non venivano pulite mai dal personale di servizio, e questo per un preciso ordine del padrone. Era andata a vedere in quali condizioni abitassero le due donne e ne fu disgustata: con la fermezza che le era propria chiese ora il permesso di far pulizia almeno una o due volte alla settimana, affinché la casa non venisse infestata da insetti, ratti e chissà che altro. Kazimierz acconsentì solo a condizione che lei fosse sempre presente e portasse una persona di fiducia, possibilmente sorda...

«Devo cercare una cameriera sorda?» si meravigliò Frau Mitzi.

«È necessario. Non voglio che si vada in giro a raccontare i fatti miei.» E la fissò senza aggiungere altro. Mitzi Greiner capì e non fece più domande, anzi si diede pena di trovare una donna dura d'orecchi. Poco tempo dopo scoprì anche il vero motivo che spingeva il giovane Bodynski a cercare personale sordo o molto discreto. La parente malata, seduta tutto il giorno nella sedia a rotelle, era sua madre, una donna logorata dal lavoro e dagli stenti, che parlava uno stretto dialetto ruteno appena comprensibile. Di certo un ostacolo alla sua ascesa sociale e un fastidioso ricordo della passata miseria. La vecchia aveva consentito a mettersi da parte anche se riluttante, senza averne capito il motivo. D'altra parte non le mancava niente, veniva accudita, mantenuta molto bene. Avrebbe potuto essere contenta. Non fosse stato per la solitudine. In realtà era stata strappata dall'ambiente nel quale era sempre vissuta. A Lemberg non conosceva nessuno, né il figlio le avrebbe permesso di incontrarsi con persone al disotto delle proprie condizioni sociali. Non aveva voluto lasciarla sola a Drohobysz, dove erano andati ad abitare subito dopo la morte del padre. La vecchia non aveva capito cosa fosse accaduto o forse Kazimierz non si era dato troppa pena di spiegarle l'origine di tanti cambiamenti. Si rammaricava solo che il figlio maggiore fosse tanto lontano, alla ventura, sparito nel mondo.

„Potrebbe farsi scrivere una lettera da qualcuno", non faceva che ripetere. Jaroslaw era stato il suo confidente, il figlio prediletto. Per lui avrebbe fatto qualsiasi sacrificio senza lamentarsi. Kazimierz al contrario le fu sempre estraneo, già da bambino, forse perché così diverso dal padre e dal fratello maggiore. „Chissà da dove viene", pensava ogni volta che lo vedeva, „non assomiglia a nessuno della famiglia." E questa diversità si accentuò sempre più con gli anni: era ambizioso, irremovibile, spesso duro. L'umiltà, la modestia gli erano del tutto estranei. Lui mirava in alto, deciso a uscire dalle angustie domestiche, dall'ignoranza, dal mondo magico carico di superstizioni nel quale viveva la madre e la gente che frequentava. Non credeva in nulla, o meglio credeva solo nel dio denaro e aveva solo il cruccio di non averne mai abbastanza.

Sempre, fino alla morte, non riuscì a superare un senso di soggezione, di timore nei suoi confronti e non lo amò mai come aveva amato il figlio maggiore.

Morì qualche tempo dopo. Non seppe che il figlio si era sposato. Non conobbe la giovane moglie e tantomeno la nipote.

Mitzi Greiner aveva mantenuto la promessa.

La serata si concluse in un silenzio interrotto solo dai suoni magici che uscivano dalla gola di Enrico Caruso. Le signore sorseggiarono il Rosenlikör, assenti, senza assaporarne il gusto. Solo qualche bicchierino. Non sembrava essere lo stesso liquore di tutte le sere. *Pani* Bodynska sempre più sconvolta dal fumo del sigaro, tanto più aspro della pipa di Axenia, ogni tanto premeva il fazzolettino profumato sul naso, cercando di nascondere il senso di nausea che quell'odore le procurava. Il padrone bevve due cognac, anche lui assorto, forse ascoltando la musica, forse pensando ad altro.

I giorni che seguirono furono tesi. *Pani* Bodynska cadeva da un vuoto all'altro. Quel poco di terreno che fino a quel momento l'aveva sostenuta franava giorno per giorno, ora per ora, minuto per minuto. Non aveva più puntelli, nulla cui potersi appoggiare. Inoltre da qualche settimana la cameriera personale era guarita e aveva ripreso il suo lavoro. Axenia non veniva più a svestirla la sera e rivestirla la mattina. Anche questo, un cambiamento difficile da sopportare. Era diventata impaziente, le cure della vecchia donna la infastidivano: ogni piccolo contatto di quelle mani le provocava un brivido di ribrezzo, una repulsione che quasi la faceva gridare. La donna non riconosceva più la padrona e ne era molto afflitta.

Non sapeva più come occupare il proprio tempo. Cominciò a diradare le sue passeggiate mattutine col carrozzino: l'aria troppo fresca, questa la scusa. In realtà non osava allontanarsi da casa, non avrebbe saputo dire perché; neanche il pianoforte riusciva a distrarla. Dopo qualche minuto si interrompeva per mettersi in ascolto, quasi sentisse delle voci alle sue spalle. Ogni accordo la faceva sussultare, solo i suoni leggeri non la inquietavano, in essi percepiva come un mormorio di sillabe prima insignificanti, poi via via più chiare, finché si componevano in una sola parola, sempre la stessa, come un'allucinazione, Axenia, un nome che non pronunciava più dall'arrivo del marito. I suoni acquistavano allora un senso che andava oltre ogni espressione musicale, trasformandosi in una parola ritmata, ossessiva: Axenia, sempre quel nome. Si sentiva accerchiata, presa di mira da spiriti importuni dai quali non sapeva difendersi.

E poi temeva la solitudine; restar sola in una stanza la riempiva di angoscia. Anche per questo motivo aveva rinunciato a suonare il pianoforte. Smise perfino di ricamare, le mancava la calma necessaria: continuava a disfare il lavoro già fatto, perché, diceva, prendeva un verso sbagliato. In realtà confondeva i colori, la direzione dei punti, il disegno stesso.

Mitzi Greiner vedeva quello sfacelo e non sapeva come reagire. Le giornate trascorrevano come in un incubo. *Pani* Bodynska sedeva interi pomeriggi nella chaise-longue, un libro che non apriva più da chissà quanto tempo abbandonato in grembo, in compagnia delle due donne, la sarta e la governante, lo sguardo fisso in un punto lontano, fuori della porta-finestra, smarrita in un caos di pensieri. Più che di pensieri, di sensazioni. Di angosce.

Seguiva con gli occhi il volo degli uccelli migratori che proprio in quella stagione si trasferivano verso sud. Erano tanti, chissà quante migliaia, e oscuravano il cielo. Nuvole nere che oscillavano ora da una parte ora dall'altra per poi sparire nell'orizzonte. Avrebbe voluto essere uno di loro per fuggire lontano, altrove, ovunque. Sentiva l'ineluttabilità di quella corsa verso altri paesi e ne aveva l'anima lacerata, interpretando la sofferenza, la fatica di quei poveri corpicini costretti a percorrere migliaia di chilometri per svernare in climi più caldi. Anche lei avrebbe preferito affrontare la fatica di quel viaggio pur di non essere lì, pur di non vivere quei giorni di attesa straziante. E non sapeva cosa attendeva, cosa la teneva in quello stato di estrema insicurezza.

La notte sognava sempre lo stesso sogno: la terra si spaccava in profondi crepacci e lei sull'orlo, sul punto di precipitare nell'abisso; ancora più terribile, la casa crollava e lei correva fra le macerie. A volte si svegliava con la sensazione che persino il letto le sfuggisse da sotto il corpo.

Cominciò a soffrire di vertigini. Le capitava di cadere svenuta senza ragione apparente, e giaceva a terra finché veniva scoperta da qualcuno, sollevata, distesa sulla chaise-longue, rianimata, la boccetta degli odori sotto il naso. Cominciò a temere di svenire al punto che si muoveva solo appoggiandosi ai mobili; come una sonnambula barcollava da una stanza all'altra, senza meta, senza riposo. Mitzi Greiner le stava accanto il più possibile, anche lei come paralizzata, incapace di prendere una qualsiasi decisione. Un incantesimo nel quale sembrava esser caduta tutta la casa.

Da quando era arrivato il padrone si parlava a bassa voce perfino in cucina.

L'aria si faceva sempre più irrespirabile, a tavola poi si poteva letteralmente tagliare col coltello, tanto era diventata pesante. *Pani* Bodynska, sempre più chiusa in un mutismo disperato, se ne stava a guardare dalla riva del fiume lo scorrere tumultuoso delle acque, senza la forza di intervenire, di lottare contro la corrente, recitando ancora e per l'ultima volta quel ruolo di spettatrice passiva che aveva scelto di sostenere per tutta la vita. Smise quasi di mangiare perché proprio a tavola percepiva maggiormente un vivo senso di umiliazione, di impotenza o di disfatta. Quello era infatti l'unico momento della giornata in cui Kazimierz in sua presenza, senza nessun ritegno, si permetteva di gettare sulla giovane cameriera occhiate d'intesa, cariche di doppi sensi che tradivano già una certa intimità.

Per Axenia, almeno esteriormente non sembrava esser cambiato nulla, solo il suo modo di muoversi, di camminare aveva acquistato più scioltezza. E il suo gettare la testa indietro, con una fierezza più sfrontata di prima. Lo sguardo freddo, tagliente, riservato al personale di casa non era certo nuovo; mentre nuovo era il sorriso trionfante che rivolgeva alle spalle, ma solo alle spalle della Frau Mitzi. E il suo improvviso abbassare le ciglia se per caso le capitava di incontrare gli occhi disperati di *pani* Bodynska. Alle domande mute, agli appelli, ai perché della padrona non osava rispondere, preferiva ignorarli, non nascondendo però un certo fastidio: a una donna preferiva sempre un uomo, su questo non aveva dubbi.

Cosa stava accadendo? Nessuno avrebbe potuto dire niente di preciso, ma accadeva qualcosa.

Finalmente Mitzi Greiner riuscì a districarsi da quella specie di ragnatela magica e senza porre più tempo in mezzo chiese un colloquio al padrone: erano passate due settimane estenuanti. Ottobre era entrato con tutti i colori dell'autunno e l'aria odorava già di neve. Era tempo di tornare in città. Ma Kazimierz non parlava più di rientro. Per la prima volta era contento di stare in campagna. Ogni giorno di ottimo umore, ringalluzzito, esuberante, sembrava felice di essere al mondo, incurante o forse solo cieco all'angoscia sempre più profonda nella quale precipitava la moglie e tutta la casa insieme a lei.

«Mi scusi se mi permetto di intervenire nelle sue decisioni, penso però sia ora di tornare a Lemberg. È solo questione di giorni o soltanto di ore, e siamo tagliati fuori dalla neve, lei lo sa. Col suo permesso vorrei cominciare con i preparativi del viaggio. Inoltre penso sia opportuno lasciare qui quella ragazza, la piccola Huzule, rimandarla al suo villaggio con un po' di denaro.» Kazimierz Bodynski seduto dietro la scrivania, faceva finta di sfogliare carte importanti per nascondere il proprio imbarazzo. Mitzi Greiner non era la donna cui si potesse nascondere qualcosa e lui ne sentiva proprio la necessità.

«Cominci pure con i preparativi. Fra qualche giorno ci metteremo in viaggio.» Tacque e non seppe come proseguire. Poi si schiarì tutto: «Che ne direbbe di fare un bel viaggetto con la signora? Potreste andare a Vienna e trascorrere lì qualche mese. Un cambiamento d'aria farebbe bene alla povera Franziska, rivedere Valerie, la sua città, qualche vecchia zia sopravvissuta o qualche cugina dimenticata...» Temendo che la donna volesse interromperlo prima che avesse potuto completare il suo pensiero, alzò una mano, come per farla tacere. Mitzi Greiner non aveva nessuna intenzione di interromperlo, era solo stupita e lo fissava in attesa del resto.

«Se partiamo, mettiamo fra tre giorni, penso che bastino per i preparativi, da Lemberg potrei spedire un telegramma all'Hotel Regina, prenotare una suite per voi, avvertire Valerie del vostro arrivo, pregarla di...»

«Vorrei solo sapere quanto devo dare alla ragazza, anche per evitare che la madre venga qui a farci una scenata.» E lo fissò duramente. La voce fredda, decisa: che lui volesse o no, avrebbe licenziato quella serva. Una delle mansioni cui non avrebbe mai rinunciato.

«Non vedo per quale motivo si debba licenziare quella brava ragazza. Se non sbaglio è stata mia moglie ad assumerla, qualche mese fa. Dovrà essere lei a decidere se licenziarla o no. Inoltre penso non sia il caso di giocare così con la vita della gente, anche se di povere condizioni...»

«Qui non si tratta di giocare... ma forse è proprio così: si tratta di mettere in gioco la vita di una persona e se lei è così cieco da non vedere, io ho gli occhi ben aperti.» La voce di Mitzi Greiner vibrava di accuse che a stento riusciva a frenare. Non aveva creduto di trovare delle resistenze da parte del padrone. Kazimierz Bodynski si spazientì. Si alzò e si avvicinò alla finestra, volgendo le spalle alla governante.

«Non prenda delle decisioni senza avermi prima consultato» e lo disse con un tono che significava un congedo.

Amore?

Quella notte, saranno state le due dopo la mezzanotte, la signora Franziska aprì improvvisamente gli occhi, sveglia come se non avesse dormito neanche un minuto. Un grido l'aveva svegliata e non sapeva più se faceva parte del sogno o della realtà. Il sogno della porta era tornato, con una variante, la porta era spalancata e lei aveva potuto guardare dentro. Chi aveva gridato? E cosa aveva visto? Non ricordava. Lucida come non lo era da tempo, con tutti i sensi in allarme, restò in attesa. Sentì delle voci nella stanza accanto, la stanza del marito separata dalla sua solo da una sottile parete di legno. Una porta segreta, tappezzata con la stessa carta del resto della stanza, metteva i due locali in comunicazione. Da quanti anni non veniva più aperta? Si mise in ascolto, il cuore in tumulto: non sembravano essere le solite voci indistinte che si perdevano nello spazio, le voci che da qualche tempo la perseguitavano. Queste erano reali. Voci che conosceva.

Stese la mano e cercò sul comodino i fiammiferi, ne accese uno, prese la candela. Si sedette sul letto col piccolo candeliere in mano e fissò la fiammella. Dopo qualche minuto lo appoggiò sul comodino e infilò le pantofole. Si alzò. Rimase un momento accanto al letto travolta da una improvvisa vertigine, infine lentamente, rasentando i muri e fermandosi a ogni piccolo scricchiolio del pavimento di legno, si avvicinò alla porticina. Nell'altra stanza qualcuno, una donna, cercava di soffocare una risata. La voce di Kazimierz, chiara, imperativa, nello stesso tempo divertita disse qualcosa in ruteno che lei non capì. Ancora una risata femminile. La signora intanto giunta davanti alla porta si accorse che la chiave era ancora infilata nella serratura, dimenticata lì. La fissò a lungo nella penombra, indecisa, poi avvicinò la mano e come in trance l'afferrò e la girò; abbassò la maniglia e la porta si aprì senza rumore: sembrava che qualcuno il giorno precedente avesse oleato i cardini, tanto erano silenziosi.

Nel caminetto scoppiettava un gran fuoco, tutte le candele dei due grandi candelabri erano accese. La stanza era illuminata da una luce calda, rosata. Davanti al caminetto due persone. Il marito in vestaglia era seduto su una delle poltrone proprio di fronte a lei. La vide subito. Il sorriso gli morì sulle labbra. Di spalle Axenia, nuda, la schiena in parte coperta dai capelli – una treccia sciolta – le braccia alzate per liberare la seconda treccia dalle forcine che la tenevano fissata alla testa. Il corpo d'avorio, rigoglioso, giovane come aveva immaginato ma mai visto se non con gli occhi della fantasia, trionfava in tutta la sua nudità. Era bella dalla testa ai piedi di una bellezza abbagliante. Gettò uno sguardo intorno. Sul pavimento, sparsi dappertutto, indumenti di Axenia (riconobbe subito il fantasioso grembiule del costume, la camicia con le maniche ricamate...) e del marito, buttati a casaccio come di chi, nella fretta di liberarsene, se li sia strappati di dosso. Il letto disfatto. Fece un passo indietro e si ritrovò nella propria stanza. Richiuse la porta a chiave e come in sogno, con estrema lentezza si diresse verso il proprio letto. Si infilò sotto il piumino.

Non erano trascorsi più di due tre minuti. Un'eternità.

Tremava di freddo, la sua stanza infatti non veniva mai riscaldata, dato che al momento della suddivisione della grande camera matrimoniale il caminetto era rimasto dall'altra parte.

Il letto era ancora caldo. Quel contatto, il tepore del piumino richiamò alla memoria vecchi ricordi, una sensazione di sconforto che conosceva tanto bene, quando ancora bambina in certe notti d'inverno, svegliata da un brutto sogno correva a cercare consolazione nel grande letto materno.

Quel letto era sempre molto più caldo, il piumino molto più morbido del suo, la mamma però la rimandava sempre via, senza misericordia. Ogni volta era costretta a riattraversare il corridoio buio e freddo dove ombre mostruose l'attendevano, pronte ad inghiottirla. Tutta presa dal ricordo, dolce e amaro, della propria infanzia, per un momento dimenticò la scena appena vista.

Axenia si era fermata con le braccia alzate sulla testa perché evidentemente aveva scorto l'espressione di stupore negli occhi del padrone. Con un breve movimento della testa aveva tentato di vedere dietro le proprie spalle, ma non aveva fatto in tempo perché lei era già sparita nella sua stanza.

Ripassò davanti agli occhi tutta la scena intravista riesaminando ogni particolare: i piedi nudi di Axenia sulla pelle d'orso davanti al caminetto; le gambe ben tornite, robuste, in parte nascoste fino alla coscia dalla massa dei capelli sciolti, neri, abbondantissimi, leggermente ondulati. Non sapeva che fossero così ondulati, non li aveva mai visti sciolti. E la pelle ambrata, luminosa in contrasto con la peluria nera sotto le ascelle, le braccia sollevate con incredibile grazia sulla testa. Una statua greca, una dea umanizzata. Sorpresa, più che altro sconvolta dalla visione di quel corpo così perfetto, tutto vibrante di vita, si staccò a fatica da quell'immagine per concentrarsi su Kazimierz, seduto, anzi mezzo sdraiato sull'ampia poltrona, anche lui nudo sotto la veste da camera appena annodata sui fianchi che lasciava scoperto il pene semi-eretto.

Lo aveva mai visto così? Lo ricordava in una lunga camicia da notte, il massimo della libertà che si era permesso con lei nei primi tempi del loro matrimonio, quando ancora veniva nel suo letto. Di solito una sola candela era accesa sul comodino, come adesso; lo vedeva nella penombra, lo sentiva respirare accanto a sé e subito dopo il tocco delle sue mani che brancicavano lungo tutto il corpo, tentando di sollevare la sua camicia da notte sopra le gambe che lei teneva disperatamente serrate.

La madre le aveva detto, poco prima che il treno si allontanasse dalla stazione, di non pensare. In certe situazioni è sempre meglio non pensare e lasciar fare, questo l'unico consiglio.

Si era trattato di un breve periodo, durato quanto il viaggio di nozze. Valerie si era annunciata poco tempo dopo mettendo fine a ogni possibile avvicinamento.

Kazimierz non l'aveva mai vista nuda, di questo era sicura. Si confuse. Avrebbe dovuto mostrarsi nuda, è così che si fa?

La madre, per motivi suoi personali, si era guardata bene dal dirle come avrebbe dovuto comportarsi per tenere legato a sé il marito; l'aveva lasciata sola con le sue paure, la sua ignoranza, incapace o soltanto non disposta a spiegarle i segreti dell'amore, segreti che lei al contrario conosceva molto bene.

Improvvisamente un pensiero lacerante. Amare quell'uomo? Avrebbe voluto legarlo a sé?

La madre aveva concluso il fidanzamento e subito dopo il matrimonio, senza mai consultarla, sempre col terrore di perdere quel buon partito per l'inesperienza e la stupidità della figlia.

Subito dopo la cerimonia di nozze, fastosissima, partirono per la prima e ultima volta insieme: prima tappa Vienna, dove anche rimasero per più di una settimana. Qui Franziska, ignara di tutto, alle richieste, alle pretese del giovane marito reagì prima con disagio, poi con paura, passando assai presto alla ripulsa, al rifiuto più completo, definitivo.

Conosceva la parola amore solo per averla letta nei romanzi di cui si era sempre nutrita, convinta si trattasse di storie vere; l'uomo che giaceva nel suo stesso letto, quasi un estraneo, parlava un linguaggio assai diverso, sconcertante se non addirittura osceno.

Franziska era vergine, lo aveva avvertito la suocera, ammiccando, avesse qualche riguardo. Kazimierz, abituato da sempre ad avere a che fare con donne esperte, con prostitute, non possedeva l'esperienza o la sensibilità necessaria per svegliare quel giovane corpo alla sessualità. Un fattore ancora più importante era la sua indifferenza verso quella ragazza, forse bella, ma priva di quegli attributi che avrebbero potuto farlo innamorare o per lo meno sedurlo anche solo fisicamente. Quella ragazzina isterica, piena di paure, lo metteva a confronto, forse per la prima volta nella sua vita, con il proprio passato. Aveva dormito nell'unica stanza insieme alle galline, al porcellino, a tutta la famiglia. Tante volte aveva assistito all'accoppiamento dei genitori, fra le proteste della madre che si lamentava di restare di nuovo incinta, che la lasciasse stare perché stanca, mentre il padre, sempre mezzo ubriaco, la prendeva con violenza, brontolando che stesse zitta e allargasse le gambe.

Kazimierz non conosceva i giochi amorosi, l'arte della seduzione, la tenerezza che deve accompagnare ogni gesto, ogni approccio per rassicurare e conquistare una giovane inesperta presa dal panico. Al contrario si era irritato e dopo alcuni tentativi assai frustranti per lui, persa la pazienza, le aveva gridato in faccia, scuotendola furiosamente: „tu sei pazza, pazza..." Poi l'aveva sbattuta sul letto, colpendola con estrema brutalità, tanto da lasciarle dei lividi in tutto il corpo e l'aveva violentata, nella solitudine e nel silenzio di una camera d'albergo di lusso. Lei non aveva neanche gridato tale era stato lo shock: una profonda umiliazione, un'offesa che neanche la morte avrebbe potuto cancellare.

Il giorno dopo Kazimierz aveva soltanto ordinato di preparare le valigie. Furioso, impaziente, la riportò a Lemberg per ripartire subito.

Fu il primo dei tanti viaggi che caratterizzarono il loro matrimonio.

Da allora dormiva in un'altra stanza. Da solo.

Al suo ritorno, Kazimierz aveva guardato negli occhi della giovane moglie per capire se c'era stato un ripensamento: Franziska, ormai incinta, lo aveva accolto con cortesia, ma tenendolo a distanza. E lui capì. Nel corso degli anni non cambiò niente nel loro rapporto; nessuno dei due fece il minimo tentativo di conciliazione: lui per un sempre più dichiarato risentimento, cui man mano subentrò anche una certa indifferenza; lei al contrario, chiusa ogni giorno di più in un suo mondo fatto di paure e insicurezze, attendeva solo la prossima partenza per liberarsi, almeno per un certo tempo, della sua persona.

La madre aveva affermato che la nascita di un figlio le avrebbe insegnato ad amare. Ripensò alla gravidanza, a quel periodo di malessere continuo provocato da qualcosa che giorno per giorno prendeva possesso del suo corpo, che si dilatava in modo mostruoso, senza misericordia, facendole perdere ogni forma umana. Della figurina svelta, elegante presto non rimase neanche il ricordo.

E il terrore di morire durante il parto: come sarebbe uscita quella creatura dal suo corpo? L'avrebbe spaccata, lacerata. L'avrebbe uccisa nascendo. Non credeva che sarebbe avvenuto tutto solo attraverso una dilatazione naturale. No, non lo credeva e nessuno era riuscito a rassicurarla. Già l'ultimo mese, così gonfia da non poter più vedere i propri piedi, aveva sognato ogni notte di morire affogata in un lago di sangue. No, mai avrebbe avuto un secondo figlio. Lo giurò a se stessa. Ora, ripensando a quel periodo della propria vita, si chiese confusamente per quale strano destino siano le donne e solo loro ad avere bambini. Perché agli uomini viene risparmiato questo difficile atto della procreazione? A chi si doveva la suddivisione di questi compiti, perché il dolore era riservato solo alle donne? Quante donne morivano di parto o subito dopo. Storie che sentiva raccontare con sufficienza, come di cosa naturale, mentre lei rabbrividiva ogni volta di raccapriccio, come di racconti dell'orrore. Era stata condannata a morte, senza speranza di salvezza.

Quello stato di impotenza assoluta l'aveva esasperata; avrebbe voluto che tutto finisse presto, e tremava al pensiero del termine sempre più vicino. Voleva e non voleva che arrivasse. Mai. Mai. Mai più un altro figlio.

Aveva veramente imparato ad amare, poi? Fin dal primo momento quella bambina tutta rossa (anche i pochi capelli erano rossi, più rossi dei propri) aveva occhi solo per il padre. Anche il primo sorriso fu per lui e più tardi per ogni piccolo incidente correva dalla Frau Mitzi, mai da lei. Neanche la balia fu importante come la governante. La madre veniva ignorata.

Per lei la piccola fu sempre un'estranea, non un prodotto del proprio corpo, il proprio sangue, come amava ripetere la madre:

«Questa creatura è sangue tuo. La devi amare perché è sangue tuo.»

Si chiese ora, ricordando quella frase, se avesse mai amato il proprio sangue, il proprio corpo. Scoprì per la prima volta quella persona che si chiamava Franzi. Di lei conosceva solo il nome. Il resto era avvolto nella nebbia. Man mano si accorse di non amare il proprio corpo, di non aver mai amato la madre, il padre, il marito... la figlia. Come amare una creatura che non riusciva a prendere in braccio senza che si mettesse subito a strillare? Valerie rappresentò la grande frustrazione della sua vita. Non le permise mai di amarla, né da bambina e neanche da adolescente. Per Valerie esistevano solo il padre e Mitzi Greiner: aveva capito fin dall'inizio a chi rivolgere la propria attenzione, chi erano le persone più importanti della famiglia e lei, la madre, non contava niente, in quella casa. Se non avesse saputo per sofferta esperienza di averla messa al mondo lei stessa, avrebbe pensato che i veri genitori di quella bambina fossero loro due, il marito e la governante.

Forse tutto dipendeva dal fatto che lei non si era mai innamorata. La madre l'aveva costretta a un matrimonio non desiderato. Non desiderato? Anche questo non sapeva. Se avesse conosciuto la fase iniziale dell'amore, forse avrebbe imparato ad amare.

Un pensiero confuso cominciò a presentarsi con sempre maggiore insistenza: perché avrebbe dovuto innamorarsi di un giovane e non di una ragazza? Chi lo proibiva, che cosa lo proibiva? Ricordò le poche amiche della sua adolescenza, tutte in qualche modo né carne né pesce, una sorta di proiezione della propria immagine.

Axenia era diversa da tutte le ragazze, da tutte le donne che aveva conosciuto.

Innamorarsi di una donna: un pensiero che la colpì come una pugnalata in pieno petto. Innamorata di lei? Era dunque questo che l'aveva turbata durante quella lunga estate? Axenia e la sua sensualità; Axenia e le sue carezze nient'affatto innocenti; Axenia e i suoi occhi indagatori, pieni di malizia, di sottintesi. E le sue mani forti, esperte, sensibili a ogni sua reazione, che sapevano farla vibrare di piacere.

La nonna non aveva mai parlato di tale possibilità, forse l'aveva del tutto esclusa perché impossibile. „Non può essere ciò che non deve essere". Uno dei modi di dire che la nonna amava ripetere con una certa frequenza.

Innamorarsi a quarant'anni e di una Huzule.

In quale abisso di perversione era caduta.

Si strinse il piumino intorno al corpo, le era venuto freddo nonostante il calore del letto. „Non ho potuto amare Kazimierz perché sono una degenerata, la nonna lo sapeva, mi ha guardato dentro. Lui avrebbe potuto essere un buon marito se gliene avessi dato la possibilità, se fossi stata una donna normale."

Porte

Valerie sapeva amare, non c'erano dubbi, lei sì aveva imparato fin dalla nascita. Dal padre, e da chi altri? Aveva osservato con stupore le manifestazioni di gioia della bambina e del marito, il modo con cui si facevano festa a ogni incontro e si era chiesta se ogni essere umano nascesse con la stessa capacità di amare. Ora pensò che sua madre non l'aveva mai festeggiata, ricordò il fastidio della bella donna per quella figlia insignificante, così diversa da lei.

Se la trascinava dietro come un alibi, strumento delle sue libertà. Rivide una scena del resto ricorrente della sua infanzia. La madre a una certa ora del pomeriggio cominciava a manifestare chiari segni di impazienza. Era come se il tetto della casa le crollasse sulla testa. Doveva uscire, non importava se pioveva, nevicava o se il caldo spaccava le pietre. La vestiva sbatacchiandola da tutte le parti, irritata da chissà che cosa – forse dalla sua lentezza o dalla sua sola presenza – finché erano fuori la porta di casa. Arrivati in strada avveniva la trasformazione: come fosse stata toccata da una bacchetta magica, la donna che ancora sulle scale l'aveva strapazzata, col viso tirato, cattivo, ora acquistava una calma celestiale, la voce si addolciva, il viso si distendeva pronto al sorriso, tornava la donnina affascinante che tutti conoscevano. L'accompagnava da un'amica che aveva una bambina della sua stessa età o da una delle nonne e tornava a prenderla sul tardi. Aveva sempre delle commissioni da fare, delle visite, incontri con persone importanti dove una bambina era solo d'impaccio, eccettuato quel paio di volte l'anno, quando andavano dalla Tante Melanie o da qualche altra vecchia parente. „Mia madre non mi ha mai amato, le sono stata di peso, sempre, e mio padre che ripeteva: quel pulcino bagnato di tua figlia!"

Cadde in un sonno leggero, una specie di dormiveglia come le capitava negli ultimi tempi durante i lunghi pomeriggi, quando distesa sulla sua chaise-longue aspettava solo che il tempo passasse, nonostante le giornate si accorciassero e l'oscurità piombasse improvvisa, rubando le ultime luci che si attardavano sulla cima degli alberi.

Si svegliò di soprassalto. Non sapeva di aver dormito; un sogno o una visione l'aveva riportata alla realtà. Per un secondo si era ritrovata nel piccolo bagno della vecchia casa di Vienna, la casa della sua infanzia. Era uno stanzino con due porte, una dava sull'ingresso e l'altra, dalla quale prendeva anche luce, nella camera dei genitori. Non c'era finestra, per cui era necessario tenere sempre una porta aperta. Ora le due porte erano chiuse e lei era sola, non bambina ma così, come era adesso, adulta. C'era buio come in una tomba, da qualche parte però veniva uno spiraglio di luce. Aveva intenzione di lavarsi. Cercò un asciugamano. Aprì il cassetto di un armadio che nella realtà non era mai stato in quella stanza e cominciò a rovistare: ogni asciugamano che le capitava fra le mani era sporco, piegato, già usato, si vedeva subito. Aprì un secondo cassetto. Anche qui una gran confusione, senza contare che normalmente gli asciugamani non venivano riposti in cassetti ma in scaffali. Li aprì tutti, uno dopo l'altro sempre più ansiosa; in quel momento entrò la madre, giovane, bellissima, come l'aveva sempre vista da bambina, e irraggiungibile. Con quel tono di voce che le conosceva tanto bene perché riservato solo a lei – un sottofondo di fastidio a stento represso – commentò che sarebbe stata ora di mettere ordine, di lavare quegli asciugamani, sporchi, puzzolenti, che non stesse lì a ciondolare come sempre e si desse da fare. E con quell'impazienza che aveva spesso sperimentato sulla propria pelle cominciò a tirare fuori da ogni cassetto gli asciugamani, buttandoli uno dopo l'altro sul pavimento. Il mucchio cresceva a vista d'occhio, una montagna di asciugamani sporchi che presto avrebbero riempito la stanzetta fino al soffitto.

Svegliandosi pensò subito di non aver mai visto tanta biancheria sporca in vita sua, non si era mai curata di questi particolari del ménage domestico.

Si sollevò sul letto, la mente stranamente lucida. La candela spenta, lo stoppino consumato fino all'ultimo resto affogava nella cera. Intorno un grande silenzio, solo un uccellino smarrito pigolava da qualche parte. Dalle imposte della finestra un filo di luce pallida rischiarava la stanza restituendo ai mobili i loro contorni.

Le due porte del sogno.

In quel bugigattolo una volta era stata rinchiusa e dimenticata dalla madre per chissà quale marachella. Quanti anni aveva allora? Non ricordava. Forse quattro o cinque. Aveva piagnucolato a lungo e si era addormentata su un cesto pieno di biancheria da stirare. Quel cesto era chiaro nel ricordo perché ad un certo punto, girandosi nel sonno, aveva battuto la fronte contro il suo bordo. Si era svegliata. Buio pesto e un sussurro oltre la porta, la voce della madre che mormorava qualcosa e poi il borbottio di un uomo, forse il padre... ma il padre era partito per le manovre! Si era sentita gelare. Fu un momento: e se quell'uomo avesse attentato alla vita di sua madre? Forse era un ladro, un assassino: lei si sarebbe messa in mezzo, a rischio della propria vita. Con leggerezza saltò fuori dal cesto e si avvicinò alla porta. Chiusa a chiave. E anche l'altra. Risentì la voce che lei ben conosceva pronunciare parole sconnesse, incomprensibili, il respiro affannoso... poi un rantolo e il grido selvaggio dell'uomo: doveva esserci una lotta. Presa dal panico si mise a piangere gridando disperatamente, scalciando contro la porta che la separava dalla madre in pericolo.

Non volle più pensare al seguito, agli schiaffi della madre irritata, furibonda e nuda; alle risate dello sconosciuto, anche lui nudo; alla sua vergogna di vedere per la prima un uomo nudo, una donna nuda.

Quell'uomo, ora ricordò, non era affatto uno sconosciuto, era un amico del suo papà. Senza niente addosso non lo aveva riconosciuto. Il giorno dopo la madre, fissandola duramente, le aveva solo detto:

«Guai a te se lo racconti a papà, alla nonna Friederike. Lo sai cosa accade a chi fa la spia: viene impiccata!» E lei sapeva cosa significava quella parola. Più di una volta aveva osservato la mamma mentre faceva le carte; nei tarocchi, oltre alla morte e ad altre figure simboliche, c'era anche l'impiccato, una figura negativa, che portava disgrazia.

Ora si chiese come avesse potuto dimenticare quella scena, lo sguardo minaccioso della madre, causa di molti incubi notturni, e le tante visite dell'amico del papà, ospite frequente della loro casa. Ogni volta lei correva a nascondersi nella sua cameretta, turandosi le orecchie per non sentire la sua voce odiosa, le risate canzonatorie della mamma accompagnate da un breve cenno degli occhi che diceva più di tante parole, e il commento del suo papà.

Si alzò. Infilò con cura le pantofole e afferrò subito la vestaglia. Tremava in tutto il corpo e non per il freddo: il viso della madre in tutta la sua crudeltà era lì, davanti a lei, e rideva, cattiva, minacciosa. Tutta la vita all'ombra di quella donna, e sempre quegli occhi che sembravano dire: „Tu non ce la farai!" Annodò il cordone alla vita e con improvvisa determinatezza decise di uscire. Non sapeva dove si sarebbe diretta, cosa avrebbe fatto, ma voleva dimostrarle che ce l'avrebbe fatta, che si sarebbe liberata di lei. Finalmente.

Aprì la porta della sua stanza e subito le venne incontro la gatta. Da quando era arrivato il marito non si era più fatta vedere: le tensioni, l'atmosfera di attesa, la continua presenza di Axenia che non aveva mai accettato, e forse i calci che la ragazza le somministrava ogni volta che la incontrava, le avevano consigliato di rifugiarsi nella stanza della governante e di uscire solo quando era proprio necessario. La signora Franziska al contrario era sempre stata molto gentile con lei. In certi giorni le aveva dato perfino dei pezzettini di pane con tanto burro, quando ancora faceva colazione dopo la passeggiata mattutina. Quando la vita in quella casa era ancora normale. Da qualche tempo la signora non faceva più neanche colazione e la sera non si sedeva nel salottino per giocare a carte con la sua padrona. Era cambiato tutto e lei, da gatta abitudinaria, non si ritrovava più; le era perfino accaduto di addormentarsi sotto un divano e di trovare poi la porta della sua padrona chiusa. Come questa notte.

La seguì fuori, come in altri tempi, nonostante avesse odorato la neve e sapesse per esperienza che quello strato bianco freddo non era affatto piacevole per le sue zampette delicate.

La mattina di quel giorno nessuno dei signori chiamò. Verso le dieci *Pan*Bodynski si fece servire la colazione nel suo studio. Arrivò il suo cameriere personale, Mikolaj, invece di Axenia. La ragazza si era rifiutata di venire per chissà quale malessere sopravvenuto durante la notte, disse. Roba da femmine, aggiunse con un certo disprezzo. Confusamente gli comunicò che la governante aveva dato ordine di chiudere la casa per l'inverno e di preparare le masserizie per il rientro in città: durante la notte c'era stata una prima nevicata, poco ma sufficiente per spegnere gli ultimi colori della campagna. Fuori tutto era bianco, pulito; il cielo grigio faceva prevedere una nuova nevicata che avrebbe reso le strade disagevoli e in parte impraticabili, meglio perciò partire al più presto.

Dopo qualche minuto, mentre si versava la prima tazza di tè, sentì bussare alla porta: era la governante. Entrò gelida, tesa. Disse che la padrona non aveva ancora chiamato. Era stata nella sua stanza. Vuota. Mancava solo la vestaglia e le pantofole. La signora non era vestita. Aveva cercato in tutta la casa e non l'aveva trovata.

Kazimierz ascoltò quelle frasi sconnesse, come di chi sopraffatto dall'agitazione non riesca a mettere una parola dietro l'altra. Un'ingiustificata irritazione si impossessò di lui. La fissò impaziente:

«Cosa vuole da me? La cerchi ancora» disse ruvidamente e le fece cenno di uscire. Mitzi Greiner, indignata, di colpo padrona di sé, scattò:

«Si ricorderà sempre di questo giorno. Finché vivrà.» E uscì furiosa. Questa volta chiamò tutto il personale. Mandò a cercare in giardino, in stalla, in cantina, in solaio. Per tutte le stanze non fu che un chiamare. Da un finestrino del solaio, proprio sotto il tetto, era possibile vedere l'albero del diavolo. Uno strano fagotto rosa che spiccava sul bianco della neve pendeva a un ramo del vecchio albero. Corsero fuori ma non osarono avvicinarsi per paura della maledizione. Anche a distanza però riconobbero la figura di *pani* Bodynska, immobile. La vestaglia aperta lasciava intravedere la lunga camicia da notte che svolazzava leggermente nel vento mattutino. Il cordone della vestaglia stringeva la sua gola. Seduta accanto ai suoi piedi nudi, la gatta. Scivolate poco distante, le pantofole coperte di piume rosa.

Quel giorno stesso *Pan*Bodynski diede ordine di abbattere l'albero del diavolo… e che non dimenticassero di estrarne anche le radici.

Parte seconda

1918

Merano

Soliloqui

Il Signor Bodynski era arrivato alla stazione di Merano in mattinata, pronto ad aspettare chissà quante ore; da qualche parte vide un orario dei treni, del tutto anacronistico dato che ormai nessuno ne teneva più conto.

Erano tempi di grandi disordini.

La guerra sembrava doversi concludere da un momento all'altro, e già da tempo, in un'altalena di previsioni, congetture, opinioni, si speculava su possibili grandi cambiamenti. Insicurezza e inquietudine dominavano gli animi: la fine di quel conflitto avrebbe coinvolto soprattutto l'Europa orientale, l'Impero Austro-Ungarico in particolare, così si diceva, e questo preoccupava soprattutto i paesi di confine che temevano per il loro futuro.

Il signor Bodysnki insieme ai fastidi provocati dalla guerra, che in realtà accettava come un'inevitabile conseguenza degli errori passati – benché lui stesso non avesse partecipato all'euforia generale di quella tragica estate del '14 –, in tutti quegli anni era stato afflitto da un solo pensiero: la propria figlia a Vienna, vedova da oltre due anni. Valerie aveva fatto di testa sua, era rimasta a Vienna insieme a Mitzi Greiner, benché i suoceri l'avessero incoraggiata a seguirli in Boemia, dove erano di casa.

Proprio ora, quando tutto sembrava precipitare nel caos, proprio ora aveva deciso di mettersi in viaggio, nonostante ogni persona di buon senso glielo avesse sconsigliato. Una giovane donna sola, sballottata da un treno all'altro, fra centinaia di soldati in movimento, soldati di varie nazionalità in chissà quale condizione di spirito. Finalmente da Bolzano, dopo non poche peripezie, aveva spedito un telegramma al padre: sarebbe arrivata in mattinata, non sapeva esattamente l'ora. Alla stazione non aveva ricevuto alcuna informazione dato che si prevedeva di eliminare uno o due treni.

Kazimierz Bodynski non vedeva la figlia dall'inizio della guerra. Prima, almeno due tre volte l'anno, trascorreva qualche settimana a Vienna, per sistemare gli ultimi affari rimasti pendenti in seguito alla liquidazione dei suoi possedimenti in Galizia, avvenuta una decina di anni prima.

Dopo la morte della moglie aveva chiuso la casa, e insieme a tutto il personale era tornato a Lemberg. Mitzi Greiner era invece partita insieme a Valerie, venuta per assistere ai funerali della madre.

La governante, assai risentita, non aveva neanche creduto necessario dare spiegazioni: morta Franziska, per lei non esisteva più alcun motivo di rimanere in quella casa e tantomeno a Lemberg. Prima di partire, però, ebbe ancora il tempo di licenziare Axenia, all'insaputa del padrone. La ragazza spaventata dagli ultimi avvenimenti non aveva reagito. Aveva solo accennato, insicura, che non sapeva dove andare.

«Arrangiati.» Fu la risposta, e nella confusione del momento nessuno sembrò accorgersi della sua assenza.

A Lemberg *Pan* Bodynski si diede subito da fare per trovare una nuova governante; la voleva piuttosto attempata, possibilmente grassa e polacca. In casa sua non voleva più vedere una sola austriaca, dichiarò con fermezza. Non fu facile trovare una persona che gli andasse a genio; dopo qualche tempo tornò il vecchio ritmo di prima: la nuova governante prese in mano le redini del ménage e benché non più giovane e lenta, era coscienziosa e aveva il pregio di non importunarlo con domande superflue. In realtà non la vedeva mai. Solo che tutto funzionava più o meno come desiderava lui.

Per *Pan* Bodynski, iniziò una nuova fase di vita che mai avrebbe sospettato possibile. Non uscì quasi più di casa, se si eccettua la breve visita al caffè viennese, ogni pomeriggio alla stessa ora, quasi un appuntamento; non intraprese i soliti viaggi; non incontrò i soliti amici; disdisse il palco all'Opera dove ogni anno puntualmente si offriva alla curiosità di un certo tipo di persone che vedevano in lui la realizzazione di ogni loro desiderio; in quelle occasioni non aveva mancato di esibire la bella moglie austriaca, ingioiellata e vestita con i più sontuosi abiti che lui stesso portava da Parigi, da Vienna forse in un ultimo tentativo di conquista, molto più probabilmente per una propria vanità personale. Non si presentò agli inviti che tuttavia continuava a ricevere, scusandosi, ogni volta, adducendo motivi di salute. Girava per la casa evitando accuratamente i luoghi in cui era solito incontrare Franziska o Mitzi, quasi temesse di scontrarsi con le loro ombre. Non passò molto e la solitudine, il vuoto intorno si facevano ogni giorno più pesanti: le due donne gli mancavano e non sapeva chi delle due gli mancasse di più. Mitzi fin dal primo giorno aveva riempito la casa della sua presenza; era stata la colonna portante e perché no, la luce che aveva dato vita e calore alla sua casa. Il vuoto lasciato da quella donna era incolmabile, nessuna avrebbe potuto sostituirla. Franziska... anche Franziska aveva occupato un posto nella sua vita, lo volesse o no, e questo era ciò che più lo sorprendeva. Quella morte improvvisa, inaspettata fu uno schiaffo in pieno viso, un'offesa che bruciava.

Nonostante le condoglianze più o meno sentite che subito lo avevano sommerso, non poteva ignorare certi sguardi, i sorrisetti di compiacimento, le scrollatine di spalle, come per dire „doveva finire così!" Chi non conosceva la vita licenziosa che aveva condotto fino a quel momento? Si sapeva delle sue numerose amanti, del denaro che tutto questo gli costava: lui sempre sulla cresta dell'onda, arrogante, vanaglorioso. Ora il lutto, la morte si prendevano la rivincita. E quella povera Franziska, vittima di un uomo senza scrupoli, lei così sensibile, indifesa.

C'era chi diceva che la partenza della figlia le avesse fatto sentire più che mai il peso della solitudine;: quel Bodynski avrebbe potuto starle accanto, almeno allora, invece di correre dietro a qualche gonnella come sua abitudine.

Kazimierz sentiva di essere arrivato a una svolta della sua vita. Nella morte della moglie sentiva una sorta di punizione, anzi l'interpretava come una vendetta ingiustificata contro di lui. Ogni suicidio è un atto di accusa contro i viventi, così pensava, e il sottrarsi alla vita è una violenza non soltanto contro se stessi, anche contro chi resta.

Non avrebbe mai sospettato una tale determinazione in una donna tanto debole.

Cominciò a perdersi in interminabili soliloqui, a scoprire ferite che non aveva mai sospettato di avere.

„Non ho mai amato Franziska, per cui non sono colpevole di niente. A lei non ho mai promesso fedeltà e perché poi? Non abbiamo avuto una vera unione, il nostro è stato un matrimonio d'apparenza e niente altro." Si ripeteva come un leitmotiv, sempre meno convinto, quasi volesse convincere qualcuno, un giudice irriducibile, deciso per partito preso a non credergli. „Neanche quando l'ho conosciuta l'ho amata. Mai sono stato innamorato di lei. Si può amare una donna che ostinatamente si nega? L'ho sposata per una misteriosa serie di circostanze. Mi ci sono trovato e non sono stato capace di uscirne fuori al momento giusto.

Sua madre mi ha catturato con quel maledetto charme viennese, lei è la sola colpevole in tutta questa storia. Io ero giovane inesperto di madri decise a tutto pur di accasare le figliole. E Franziska? La madre me l'ha buttata fra le braccia, me l'ha venduta in cambio di qualche gioiello, qualche pelliccia.

In fin dei conti si è sempre fatto così: il matrimonio è sempre stato un'alleanza per continuare la specie umana – le donne sono qui per questo – e per soddisfare le necessità degli uomini: c'entra l'amore in tutto questo? La maggior parte delle donne, le cosiddette donne perbene non sono neanche capaci di... del resto è giusto che sia così, le donne non devono conoscere certe cose, sarebbe un gran pericolo per il resto dell'umanità. Franziska era... niente. Un niente umano incapace di reagire come tutte le donne del mondo. E aveva ripugnanza di me, le facevo orrore. Me lo ha fatto capire subito; taceva, ma sentivo il suo orrore. E mi temeva. Tutte sciocchezze. Se soltanto avesse accettato il suo ruolo di donna come fanno tutte le altre. Era debole ma non sottomessa: mi chiedo come sia riuscita a togliermi ogni desiderio di andare a letto con lei. Io che in realtà posso andare a letto con qualsiasi donna, con lei mi sono sentito bloccato. Mi bastava vedere i suoi occhi terrorizzati per togliermi ogni voglia. Forse non mi era del tutto indifferente, magari covavo un certo astio contro di lei. Neanche fossi stato un mostro. Si, mi ha fatto sentire un mostro ed è questo che non ho mai potuto perdonarle."

Sentiva montare una rabbia impotente, la stessa rabbia che lo aveva fatto fuggire di città in città subito dopo quella frustrante settimana a Vienna. Allora non aveva capito che la sua furia non era stata dettata soltanto dal suo orgoglio ferito: c'era già dell'odio. Era infatti deciso a separarsi e avrebbe ottenuto il divorzio con tutti i mezzi, se soltanto Franziska non avesse aspettato un bambino, la sua bambina. Questo gli aveva legato le mani e aveva sopportato di vivere un'esistenza assurda, in un rapporto praticamente inesistente.

Era vissuto vent'anni accanto a una sconosciuta, o meglio avevano abitato nella stessa casa, niente di più. Una donna sempre in depressione, incapace di un'iniziativa, priva di desideri. Morta di dentro.

„Era già morta prima di sposarla o l'ho uccisa io? Chi era, cosa pensava? Mi chiedo se in generale una donna sia capace di pensare... in fondo, non è necessario che pensi. E lei, mai una reazione; qualsiasi cosa le regalassi la lasciava indifferente... e sempre quello sguardo pieno di timore che io potessi volere qualcosa in cambio. Credo che la paura le abbia impedito di vivere. Mi guardava come una bestiolina ferita: sono stato io a ferirla? Che idea! Mi ha provocato, ogni uomo avrebbe reagito allo stesso modo... ero nel mio diritto. E poi non le ho mai fatto mancare niente. Ha avuto una vita comoda.

Non mi ha mai chiesto niente. Del resto parlava poco e non abbiamo litigato neanche una volta. Mai una discussione.

Forse non è vero... ho dimenticato tutto. Mi evitava, era chiaro e lei non mi ha mai amato, mai. Di questo sono certo. E non mi ha neanche odiato. Una donna incapace di qualsiasi sentimento. Credo non abbia amato neanche la nostra Valerie. Nostra? Fu sua quando la portò in grembo, poi fu soltanto la mia bambina."

Tutte queste spiegazioni servivano a poco; non si sentiva colpevole di niente; ma una sorta di rimorso lo mordeva dentro, non gli dava pace. E tornava sempre a quella notte in cui era apparsa un momento nella sua stanza per sparire subito dopo: l'aveva solo guardato con occhi inespressivi, come in trance, mettendo a nudo tutto lo squallore della sua vita. Senza neanche darle il tempo di rivestirsi aveva cacciato via Axenia, quasi fosse lei la sola colpevole. Era furioso. E se fosse venuta Mitzi? Quante volte aveva redarguito Axenia di non ridere forte, di non fare rumore, di venire solo quando sentiva che tutta la casa dormiva... per Mitzi e non per Franziska.

Perché Mitzi era gelosa, lo aveva capito subito e ne era stato felice: finalmente la vedeva in tutta la sua passionalità. Provocare lei era stato il piacere più squisito; le ore trascorse con Axenia gli avevano procurato un godimento maggiore perché aveva immaginato la gelosia di Mitzi, il suo furore. Lo appagava già il disprezzo nei suoi occhi, la mattina dopo, quando seduti l'uno di fronte all'altro si fronteggiavano con una tazza di tè in mano, lui soddisfatto, lei indignata e superba.

E sempre Mitzi nel momento in cui gli diceva, con voce contenuta: „Si ricorderà sempre..." Che sapesse qualcosa? Che avesse visto Axenia entrare nella sua stanza? Aveva forse dimenticato i tempi in cui lei, proprio lei entrava nella sua stanza? No, era lui ad andare da lei. Si, proprio così: sempre lui dietro quella porta chiusa.

Poi Mitzi si era affezionata alla signora Franzi, alla piccola Valerie.

Una notte non gli aveva voluto aprire la porta, senza spiegazioni. Aveva solo detto: „è ora di finirla." Così. Di punto in bianco. Si era stancata di lui? Un'umiliazione che aveva bruciato a lungo, molti anni. Una donna capace di grandi passioni, di slanci generosi, e anche di una freddezza che annientava. Lo aveva tenuto in pugno per poi lasciarlo cadere, da un momento all'altro. Alla minaccia di licenziarla per costringerla a continuare la relazione, aveva reagito con un'alzata di spalle. Le aveva anche detto che non avrebbe cercato nessun'altra donna fuori casa se solo lei gli avesse dato quel calore che gli negava la moglie. Non era servito a nulla.

Perché Mitzi sapeva. Tutti in casa sapevano.

Dopo quel voltafaccia aveva intrapreso un lungo viaggio e si era consolato. Per lo meno aveva pensato di essersi consolato. Ogni volta che tornava a casa incontrava gli occhi sfuggenti della moglie e lo sguardo sprezzante di Mitzi che sembrava leggergli dentro: tutto crollava di colpo ed era di nuovo in balìa di quella donna. Lei non era disposta a fare un passo indietro, ferma nell'idea di dover salvaguardare l'onore della famiglia, quasi fosse stato suo dovere farlo. Non gli era mai stato possibile avere un chiarimento, una spiegazione. Mitzi lo aveva sempre evitato. Con fermezza, gli aveva anzi imposto di dimenticare, di non pensarci più, quasi fosse stata una vergogna, una debolezza che non riusciva a perdonarsi. Qualche rara volta aveva ceduto, nel corso degli anni, sempre per breve tempo. Poi veniva colta da chissà quali sensi di colpa nei confronti di Valerie, di Franziska e troncava la relazione, con una scusa. Lui ripartiva, spesso furioso contro di lei, a volte sconsolato perché sentiva di dipendere dalla volontà di quella donna; sapeva che se solo lei avesse voluto, lui avrebbe di nuovo bussato alla sua porta. Non era stato facile. Aveva anche pensato avesse un'amante; era arrivato al punto di pedinarla, quando usciva, poi aveva lasciato perdere per non rendersi ridicolo. Inoltre non era riuscito a scoprire niente. Era però sicuro che lei avesse un amante. Una donna così non poteva vivere senza un uomo, questa la sua convinzione.

Litigavano solo sulle spese di casa, su bagatelle che davano a lui motivo per piccole rivalse, a lei ragione di sdegnosa ripulsa. Ora non aveva neanche questo. „Una gran donna, un'amante sempre desiderabile. Avrebbe potuto restare con me, almeno lei. Non sarei così solo ora. Due donne che si completavano alla perfezione: l'una esigente, fiera, piena di dignità, e appassionata; l'altra silenziosa, solitaria, senza alcuna pretesa. Torno sempre a pensare a Franziska come a una vittima. Io non l'ho sacrificata, le ho chiesto solo quanto mi era dovuto... dovuto... Cosa ci deve un essere umano? Ma era mia moglie, aveva dei doveri verso di me, la famiglia. Non è stata neanche una buona madre, non che abbia maltrattato la bambina... non l'ha mai amata. Non ha amato me, non ha amato la figlia, non ha amato nessuno... credo che non abbia amato neanche se stessa. È passata attraverso la vita senza lasciare tracce, come un'ombra.

Che senso ha avuto?

Un'esistenza perduta. Come tutte le altre esistenze: mio padre, che ha lavorato tutta la vita per morire in quel modo miserabile; Jaroslaw andato oltre oceano, morto chissà come; mia madre sempre stanca, anche lei vissuta inutilmente. E io? Ho cercato la vita altrove quando avrei potuto trovarla in casa. Tutti i soldi non sono serviti a niente. Sono stato amato per quello che ho e non per quello che sono. Quante volte sono stato ingannato. Mi chiedo che senso abbia tutto questo. Mitzi... potessi parlare ancora una volta con lei. Per lei non è mai stato importante il denaro, lo so: c'erano altri valori al di sopra del denaro."

Con l'inverno arrivarono le prime malattie, influenze, bronchiti che non gli permettevano di lasciare il letto, una stanchezza continua; si manifestarono i primi sintomi della malattia polmonare che aveva stroncato la vita del padre. Il medico gli consigliò di svernare in luoghi dal clima più mite. A metà gennaio, insieme a Mikolaj, si trasferì a Merano, allora una rinomata stazione climatica soprattutto per le malattie delle vie respiratorie. Anche lì condusse una vita da solitario e tornò in salute. A primavera inoltrata, prima di rientrare a Lemberg passò da Vienna. Rivide la figlia.

Mitzi sempre più contegnosa, inavvicinabile, non disposta a perdonargli nulla, portava con ostentazione il lutto per la signora Franzi, quasi fosse stata sua parente. Ormai viveva stabilmente in casa di Valerie, anche lì diventata subito indispensabile.

Il 15 agosto 1907, nella sua villa di campagna, Kazimierz, solo nel suo studio, aspettava l'ora di pranzo. Mikolaj bussò alla porta con la rozzezza che lo distingueva ancora e gli annunciò la visita di una contadina. Il raccolto ultimato, i contadini pagati. Il resto del lavoro come sempre incombenza dell'amministratore. Cosa volevano da lui?

L'ultima estate in quella casa e la prima così lunga.

Un'estate piena di malesseri, inquietudine, ricordi, sempre con lo spettro di Franziska intorno a sé. In quella casa ne sentiva la presenza più che a Lemberg. Aveva lasciato le sue impronte, il suo profumo. Forse la sua anima vagava ancora, solitaria, inquieta fra quelle mura; forse aveva nostalgia della sua chaise-longue, del suo pianoforte, del Gobelin rimasto a metà, dei libri che giacevano in giro, come li lasciava lei, non finiti di leggere.

Anche lui conosceva la storia delle anime vaganti.

Già prima di tornare qui aveva deciso di vendere tutto e di trasferirsi definitivamente a Merano. Un consiglio del medico. C'era già un compratore e si trattava solo di stabilire gli ultimi particolari del contratto. La figlia, venuta per qualche settimana in luglio insieme alla Frau Mitzi, sceglieva le cose che voleva portare via prima di congedarsi per sempre da quella casa piena di ricordi.

Entrò una contadina senza età, un lungo camicione unto di grasso e di sudiciume, i piedi scalzi, sporchi, in braccio un fagotto. Senza alzare gli occhi sul padrone di casa andò diritta verso il tavolino davanti alla porta-finestra, come di chi conoscesse la stanza già da tempo e senza indugi vi depositò il fagotto. Indietreggiò subito di qualche passo pronta ad uscire se non fosse stata fermata dalla voce sonora di *Pan*-Bodynski:

«Un momento. Che significa questo?» La donna alzò la testa e lo guardò con la fierezza antica. Era Axenia.

«È vostro figlio. Roba vostra.» E lo fissò decisa, senza timore. *Pan* Bodynski si avvicinò al tavolo e allontanò gli stracci che coprivano il visetto del bambino. Un tuffo al cuore. Il suo ritratto spaccato. Il bambino dormiva serenamente, ignaro di quanto gli stava accadendo.

«Un bambino... e vuoi lasciarlo qui... io non sapevo...» balbettò quasi privo di voce. Tutto si sarebbe aspettato fuorché una storia simile. Poi si avvicinò alla scrivania, aprì il cassetto, prese una manciata di denaro e glielo porse. Axenia guardò prima la mano poi lui in faccia.

«Ma il bambino resta ugualmente qui.» Disse con voce ferma. Non era male portare un po' di soldi alla madre. Forse avrebbe smesso di sbraitare. Stese la mano e arraffò la somma di denaro che le veniva offerta, poi si girò e guardando il bambino disse:

«È nato qualche mese fa. Di notte. Non ha ancora un nome.» E uscì dalla porta-finestra. Un secondo dopo era già sparita.

Meglio lasciarlo lì piuttosto che portarlo dalla *Engelmacherin*, come le aveva imposto la madre. L'*Engelmacherin*, era una vera e propria istituzione conosciuta da tutti in molte città e paesi della Galizia e anche nel resto dell'Europa. L'attività principale di queste donne, di solito vecchie, era quella di interrompere gravidanze indesiderate e di eliminare poi il feto. Ma una seconda attività si aggiungeva alla prima e cioè quella di tenere una specie di pensionato per neonati illegittimi – e anche legittimi – cui le madri, dovendo lavorare e vivendo in condizione di estrema miseria, non avrebbero potuto accudire. Normalmente la vecchia megera incassava in anticipo la somma pattuita per un anno e poi trascurava i bambini fino a farli morire di fame: era facile riconoscere la casupola della *Engelmacherin* per via dei pianti, i lamenti delle povere creature che arrivavano alle orecchie di chiunque passasse da quelle parti.

Gli Huzuli consideravano l'aborto una mostruosità. Nessuna donna avrebbe mai consentito di sottoporsi a una tale pratica, senza contare che i bambini illegittimi erano una normalità accettata da tutti. Non erano certo restrizioni di tipo religioso a frenare il loro impulso di liberarsi di una gravidanza indesiderata, ma la credenza secondo la quale le madri dei bambini non nati sarebbero state costrette a mangiarli nell'altro mondo. Chi o che cosa le avrebbe costrette a farlo non era chiaro.

Grandi cambiamenti

Il treno entrò in stazione. Quando il fumo e il vapore si furono un po' dileguati, il signor Bodynski scorse la figurina della figlia in attesa accanto a una grossa borsa di stoffa posata per terra. Era vestita di nero. Una fitta veletta scendeva dal cappellino modesto e di linea maschile, come notò subito, coprendole interamente il viso. La riconobbe anche perché dal treno scesero ben poche donne. Valerie corse incontro al padre e l'abbraccio che ne seguì fu assai intenso; lui sentì nelle braccia un corpicino minuscolo, quasi di adolescente.

«Come sei dimagrita, povera bambina mia. Dimmi come stai...» Intanto che afferrava la borsa della figlia non la smetteva di fare domande, imbarazzato dopo quella lunga separazione, quasi temesse di non trovare il tono giusto. Mentre uscivano dalla stazione si domandò se la figlia in tutti quegli anni non fosse cambiata. Avrebbe voluto vedere i suoi occhi nascosti dalla veletta. Ne intravedeva solo lo scintillio e non riusciva a scacciare la sensazione di camminare accanto a una sconosciuta.

Uscirono sulla piazza della stazione. Valerie si guardò intorno. Come tutto era tranquillo qui, ben curato, i fiori nelle aiuole, la strada pulita. La guerra sembrava essere tanto lontana.

«Mi aspettavo di vedere Jaro con te. Dov'è? Perché non è venuto?» e continuò a guardarsi intorno cercando il ragazzo forse nascosto dietro un albero per farle uno scherzo.

«È a scuola... a momenti sarà qui. Intanto vieni, facciamo due passi.» Attraversarono la strada e fecero un giretto intorno al grande monumento dedicato ad Andreas Hofer, circondato da un minuscolo giardinetto.

«Com'è assurda, la vita!» esclamò Valerie. Kazimierz Bodynski si sentì sciogliere. Quelle ore di attesa, i mille ricordi che avevano occupato la sua mente dileguarono di colpo: la figlia aveva parlato in polacco, la lingua della sua infanzia, la lingua del padre. Valerie si fermò.

«Dove mi porti?» Chiese con voce a lui familiare, con quel tono particolarmente tenero che usava quando parlava con lui, fin da quando era bambina.

«Per Marling abbiamo una coincidenza fra una trentina di minuti. Credo sia meglio tornare in stazione, se il treno è pronto possiamo salire.» Valerie si meravigliò.

«Credevo tu avessi un'automobile, se ricordo bene mi hai scritto qualcosa del genere o sbaglio.» Il padre sorrise.

«No, non sbagli, ma è stata requisita già da tempo dal comando militare.» Il treno era quasi vuoto. Si trattava di due soli vagoni e nonostante la Pasqua vicina, la stagione bellissima, mancavano i turisti; quel vuoto trasmetteva un senso di insicurezza, più inquietante di un treno affollato. Il signor Bodynski si affacciò varie volte dal finestrino per vedere se arrivava il figlio. Già il capostazione aveva fischiato e il ragazzo ancora non si vedeva. Fu preso dall'agitazione:

«Dovrebbe essere già qui. Rischia di perdere il treno.» Si alzò e pregò il capostazione di aspettare qualche minuto. In quel momento arrivò una specie di bolide, un ragazzo accaldato, rosso in faccia e tutto sudato dalla corsa. Senza guardare né a destra né a sinistra si precipitò verso lo sportello del treno che il bigliettaio teneva ancora aperto e con un salto fu dentro. Non si era accorto del padre e tantomeno della sorella.

«Adesso finalmente so come prendi il treno, tu!» Lo apostrofò il padre, ridendo. Il ragazzo li scorse e venne a sedersi accanto a loro. Valerie lo abbracciò e lo baciò sulle due guance; lui ancora ansante per la corsa, lasciò fare.

All'inizio non era stato facile.

Uscita Axenia, era rimasto un momento a contemplare quel mucchietto di stracci dal quale spuntava il visetto rotondo di un bambino profondamente addormentato. Suo figlio! Quell'esserino era suo figlio. Come erano diversi i sentimenti che aveva provato quando la prima volta aveva visto la sua bambina appena nata, ancora strillante, sporca di sangue. Lo strazio, il desiderio di consolarla, di cullarla... questo bambino gli fu estraneo fin dal primo momento, e non seppe mai perché. Non aveva amato la madre di Valerie e neanche la madre di questa creatura. Non poteva essere questo il motivo della sua indifferenza, più lo guardava e più capiva che sì, era carne della sua carne, qualcosa però glielo rendeva estraneo.

Prese quel fagottino in braccio e andò nella stanza da pranzo, dove le due signore già lo stavano aspettando e senza indugio lo depositò, con un gran gesto teatrale, sulle braccia della figlia dicendo solo: «questo è tuo fratello» senza aggiungere altro.

Mitzi Greiner era saltata dalla sedia in grandissima agitazione, mentre Valerie, dopo un momento di sorpresa, aveva accolto il bambino senza porre domande, prendendosi cura di lui, come fosse la cosa più naturale del mondo. Si era subito preoccupata di cercare una balia e poi una bambinaia; soprattutto di farlo visitare da un medico per sapere se era anche sano, gli Huzuli avevano fama di essere ammalati di sifilide, una malattia di famiglia che si trasmetteva di generazione in generazione. La consideravano una specialità della loro razza e non se ne curavano più di tanto. Il bambino risultò del tutto sano. Evidentemente anche Axenia era sana, un caso su cento, ma questo tranquillizzò tutti, soprattutto Kazimierz che un anno prima non aveva tenuto conto di questo importante particolare.

Pan Bodynski aveva accettato le discussioni, le decisioni, i commenti della figlia senza mai controbattere; non si lasciò andare in spiegazioni, del resto inutili, dato che Mitzi sapeva tutto; senza contare che avrebbe corso il rischio di parlare di Axenia, di quella notte. Meglio tacere.

Al bambino fu dato il nome di Jaroslaw, un nome della famiglia Bodynski.

Valerie tornò a Vienna solo in autunno inoltrato, dopo aver sistemato padre e figlio con balia, bambinaia e tutto il necessario.

Meno generosa fu sempre Mitzi Greiner che continuava a sospettare un tranello, un inganno di Axenia. Lei non aveva amato la madre e non amò neanche il figlio; lo trattò sempre con sufficienza e in realtà avrebbe preferito ignorarlo: Jaro la temette sempre.

Al contrario la sorella maggiore assunse inaspettatamente un ruolo materno. Le poche volte in cui si incontrarono fu sempre piena di premure per il bambino, di consigli, raccomandazioni e perché no, di veri e propri slanci d'amore; il padre le fu molto grato, perché l'aiutò ad adempiere ai suoi compiti che sentiva più come istanza morale che emotiva. Con quel bambino non ebbe mai quel rapporto di affinità, di solidarietà che sempre lo aveva legato, fin dalla nascita, a Valerie: qui sentiva qualcosa che lo metteva a disagio. Il corpo era suo, si riconosceva in ogni piega del piccolo viso, nella forma delle mani o dei piedi e in tanti piccoli particolari. Si sentiva spiare da qualcuno che conosceva: gli occhi di Axenia, la sua persona.

Con gli anni, alla prima espressione sperduta in un vuoto di visioni lontane, succedette qualcosa di vagamente triste, una presa di coscienza dolorosa, quasi dietro quei laghetti limpidi di montagna si affacciasse un dubbio, una domanda.

Il ragazzo lo amava, lo ammirava con tutta l'anima e cercava solo la sua approvazione, il suo riconoscimento. Un amore rifiutato che gli procurava più dolore che gioia. Sentiva inconsciamente un padre diverso da lui, un padre che lo scrutava sempre come uno straniero e non sapeva darsene ragione; cercava la colpa in se stesso, senza capire.

Sapeva della morte della madre e solo a volte faceva qualche domanda sul suo carattere, se era gentile, allegra, se assomigliava a Valerie. Voleva vedere le poche fotografie, gli oggetti appartenuti a lei, che poi toccava con una sorta di religiosità: la madre per lui era Franziska morta al momento della sua nascita. Valerie aveva preso questa decisione e il padre non aveva saputo opporsi. Per debolezza aveva lasciato che accadesse, benché fosse conscio che prima o poi sarebbe venuta fuori la verità. Fino a quel momento era andato tutto liscio e il ragazzo non aveva nessun sospetto. Il treno si mise subito in movimento. Valerie aveva sollevato la veletta e ora si guardarono. Un sorriso leggermente imbarazzato il ragazzo, divertito la donna:

«Sei diventato un giovanotto. In questi anni sei cresciuto molto. Ci manca poco e sei più alto di Tato.» Il ragazzo non rispose, arrossì e abbassò gli occhi. Il padre sentì il suo imbarazzo e gli passò una mano sulla testa.

«Ci sono novità a scuola?» La domanda di ogni giorno.

«No. Niente.»

«Ogni giorno la stessa risposta e poi mi arrivano certe pagelle!» Disse scherzando, benché i suoi insuccessi scolastici lo preoccupassero più di quanto volesse dare a vedere. Ogni anno passava per il rotto della cuffia e sapeva che un giorno sarebbero venuti i veri nodi al pettine; il ragazzo non sembrava avere particolari interessi e non sapeva cosa avrebbe fatto in futuro, se studiare e cosa studiare. Forse era ancora troppo presto per prendere qualche decisione.

Il treno intanto aveva seguito il suo corso e dopo una breve curva per Algund, arrivarono a Marling. Scesero. Il sole era allo zenit, caldo, luminoso. Valerie si fermò un momento abbagliata e guardò con emozione, come ogni volta che veniva, la piccola stazione in miniatura: due colonnine di legno intarsiato dipinto di bianco a sostegno della tettoia anch'essa di legno che proteggeva l'ingresso dalla parte della ferrovia. Tutto lì. In realtà si trattava di una delle tante stazioncine costruite tutte uguali lungo la linea che da Merano va fino a Mals. Ognuna però aveva qualcosa di caratteristico, una propria originalità che la distingueva dalle altre. Qui a Marling erano i vasi di terracotta traboccanti di fiori posti ai lati della porta d'ingresso, la vegetazione lussureggiante, la vista su Merano, tutto l'insieme a dare unicità al luogo.

A qualche centinaio di metri imboccarono una breve stradina di campagna che conduceva direttamente alla villa Franziska. Dopo qualche passo si delineò la grande casa che sorgeva su un promontorio sporgente che dominava la vallata in uno scenario di eccezionale bellezza: sembrava essere sospesa nell'aria, un vero trampolino naturale. Giù, uno strapiombo di terrazze coltivate a vigneti, inframmezzati da alberi da frutta che cominciavano a coprirsi di fiori. Qua e là, sparse per tutta la vallata grandi macchie di un giallo intenso attiravano lo sguardo: erano cespugli di forsythia in piena fioritura. La natura, incurante della guerra, trionfava sulla stoltezza degli uomini con la generosità e l'indifferenza di sempre. Lungo la strada Valerie aveva notato alberi di magnolie in fiore, e se ne stupiva, quasi non avesse mai visto prima una tale abbondanza di colori. A Vienna non si era accorta della primavera incombente, resa cieca da altri problemi.

Finalmente apparve la casa, a tre piani, con verande ai due piani inferiori e un grande balcone al terzo, una vera casa padronale, elegante, che affondava in un mare di verde, alberi, cespugli, aiuole fiorite.

Davanti alla porta d'ingresso videro subito Mikolaj, aveva sentito l'arrivo del trenino e considerò suo dovere venir loro incontro. Oltre la soglia della porta però non andò. Impacciato, rozzo come sempre, inchiodato lì dove si trovava, fece un mezzo inchino e si tolse il berretto dalla testa. Dietro a lui apparve l'ormai vecchia governante che si ostinava a portare la cuffia come nei tempi passati. Valerie diede la mano ad ambedue con molta cordialità, sinceramente contenta di rivederli e il padre si meravigliò: prima della guerra non avrebbe mai steso la mano a Mikolaj!

„Si è molto democratizzata", pensò.

Valerie entrando nella casa paterna sentì un nodo alla gola. I mobili a lei così familiari, le suppellettili pregiate, i quadri, i tappeti. In ogni stanza sentì la presenza del padre e anche, stranamente, quella della madre, benché il signor Bodynski avesse evitato con particolare cura di portare gli oggetti appartenuti alla moglie: solo la chaise-longue e qualche piccolo soprammobile. Non aveva potuto separarsene, ma aveva messo tutto nella stanza che fin dal primo momento aveva destinato alla figlia. In realtà ne aveva preparata una anche per Mitzi, dove veniva ospitata le poche volte in cui, insieme a Valerie trascorreva qualche mese in famiglia, la sua vecchia famiglia.

Salì al primo piano dove sapeva essere la sua stanza. Si affacciò alla finestra e un vasto panorama di vigneti, frutteti e fiori si aprì davanti a lei. Merano si stendeva tranquilla in fondo alla vallata.

Restò un momento a guardare senza alcuna partecipazione. Riusciva a vedere solo con gli occhi. I pensieri, tutto il suo essere era altrove, ancora in viaggio, fra un treno e l'altro, una stazione e l'altra. Soldati che salivano e scendevano dai vagoni affollati, civili straniti, stanchi, inquieti, in attesa del prossimo treno, e chissà che altro.

Qui si sentiva estranea, fuori posto, in ogni caso non ancora arrivata.

Mezzogiorno era passato da un pezzo (erano le due del pomeriggio) e un languore allo stomaco l'avvertì che era ora di scendere per il pranzo. Il padre l'aspettava ai piedi della scala e la condusse nel suo studio dove scoprì un piccolo tavolo apparecchiato per tre persone. Fu subito servito il pranzo e passò da una sorpresa all'altra: in quella casa si mangiava come prima della guerra, con minestra, carne, contorni e dessert.

«Mangiate sempre così o è soltanto per oggi, per me, per festeggiarmi?» chiese quando Mikolaj fu uscito dalla stanza. Questa volta fu il padre a meravigliarsi, a non capire. In casa sua non era mai mancato nulla né si era chiesto da dove venisse tutto quel bendidio. Rispose vagamente di avere dei contadini che provvedevano al rifornimento della cucina. In realtà non si rendeva conto della precarietà del momento; per lui la guerra si svolgeva altrove, soprattutto non lo coinvolgeva personalmente. Valerie mangiò con grande appetito e alla fine si sentì sazia come mai in vita sua.

«Sono anni che non mangio tanto e così bene» commentò. «A Vienna manca di tutto. Non c'è carne, frutta, verdura, pane, patate, legna da bruciare. Manca tutto già da anni, mi sembra da sempre.»

Il padre l'aveva osservata mentre mangiava e aveva notato il nervosismo, il leggero tremito nelle mani provocato dall'impazienza di calmare la fame. E anche una certa voracità che non le conosceva. Era lontano dall'immaginare le sofferenze, lo sconforto, le privazioni che avevano caratterizzato gli ultimi anni della sua vita.

«Raccontami cosa hai fatto in tutto questo tempo.» Chiese con leggerezza, dopo che furono portati via i piatti vuoti. Jaro aveva mangiato anche lui con appetito, silenzioso. Non era un ragazzo loquace per carattere, ora poi la presenza di Valerie lo turbava al punto da confonderlo del tutto, quasi quella donna lo facesse sentire un bambino più piccolo di quanto fosse in realtà. Infine si alzò, e dopo aver lanciato un'occhiata al padre, per cercarne il consenso, chiese il permesso di allontanarsi.

Valerie quasi non si accorse della sua scomparsa tutta assorta com'era ad assaporare l'ultimo cucchiaino di frutta cotta, (una Kompott di mele) nel quale ritrovava antichi sapori.

«Avete di tutto qui... è semplicemente incredibile! Io non so più da quanto tempo non mangiavo una Kompott di mele.»

«Avresti dovuto venire subito qui, appena scoppiata la guerra, come ti ho scritto varie volte. Ma tu hai voluto fare di testa tua...»

«E cosa avrei fatto qui? Mangiare e bere. Ecco cosa avrei potuto fare. A Vienna invece mi sono resa utile, ho lavorato dodici, spesso quindici ore al giorno, a volte di più: faccio parte del corpo infermieri, ho fatto un corso di crocerossina, qualche mese dopo l'inizio della guerra. Anche Frau Mitzi, nonostante l'età, che del resto non dimostra, si è messa all'opera. Non potevamo starcene da una parte come se non stesse succedendo niente, scrollare la testa pietosamente, come fanno parecchie signore di mia conoscenza, e organizzare balli di beneficenza con raccolte di abiti e calze di lana. Io ho voluto rendermi utile in modo più efficiente.»

Il padre l'ascoltava socchiudendo gli occhi per concentrarsi meglio. Non voleva perdere una parola. Erano anni che non la sentiva parlare; gli piaceva ritrovare quell'energia, quell'esplosione di vitalità.

Aveva sempre creduto di conoscere la figlia. Con lei, a parte le incomprensioni nate in seguito alla storia di Axenia, aveva avuto sempre un rapporto di grande fiducia, anzi di amicizia. Ora sentiva per la prima volta di avere davanti a sé un'adulta, una donna che non conosceva. Sarà stato il tono deciso della voce, il modo diretto con cui si esprimeva, la forza che traspariva da ogni parola che diceva: Valerie era cambiata, o forse solo maturata. Ma non era questione di età, lo capì subito. Le esperienze di quegli ultimi anni avevano lasciato un segno assai profondo. Sembrava esser stata catapultata in una nuova realtà, senza alcun riguardo per la sua anima sensibile. E ne era stata ferita, lo vedeva. La vita le aveva mostrato il suo lato peggiore, senza veli. Senza pietà. Ne era sortita un'altra persona, battagliera, decisa; si rivide alla sua età. Anche lui aveva accettato la sfida con la vita, lottato fino all'ultimo, fino a quella mattina di dieci anni prima, quando tutto gli era crollato addosso.

Per un momento ebbe l'impressione di star seduto di fronte a un'estranea. Fu un'impressione assai penosa. Si riscosse e subito le chiese di restare almeno fino alla fine della guerra: non si parlava d'altro, quella guerra non poteva durare all'infinito, erano ormai trascorsi quasi quattro anni… e all'inizio erano stati progettati solo pochi mesi, si diceva fino a Natale, poi sarebbero tornati tutti a casa.

Valerie prese fuoco, quasi non avesse aspettato altro.

«Nessuno di noi riesce più a trovare un solo motivo per proseguire questa guerra. Tutto si sbriciola sotto i nostri occhi. Quello che prima sembrava sacro e intoccabile è crollato come un castello di carta. È rimasto solo un mucchio di macerie. Se tu avessi letto certi giornali che qui sicuramente non arrivano… sono state scritte cose che nessuno di noi mai avrebbe osato anche solo pensare.»

Tacque un momento, disturbata da un pensiero, una riflessione. Poi proseguì a bassa voce, quasi parlasse a se stessa:

«Sta succedendo qualcosa. Qualcosa di veramente grande che cambierà il corso della storia.»

Si riprese, quasi avesse detto troppo. Guardò il padre, decisa.

«Non sappiamo più che senso abbiano questi massacri, questo continuo ammazzarsi. Ci sono giorni in cui arrivano treni interi pieni di feriti, tanto che non bastano i lettini né i paglericci per sistemarli in qualche modo. Abbiamo dovuto occupare perfino le Aule dell'Università e anche i corridoi. Entro nel lazzaretto e sento il puzzo di carne putrefatta, di sangue marcio. Quell'odore mi perseguiterà tutta la vita, ne sono certa. E quelle immagini, monconi di braccia, gambe, occhi bendati, ciechi per via di quei maledetti gas... un'invenzione contro natura. Tu non puoi immaginare. La popolazione civile non ha la minima idea di che cosa sia questa guerra. Ormai vengono sparati solo proiettili con gas che accecano e spaccano i polmoni. Le sofferenze di quei poveri soldati sono tali che la morte diventa una liberazione. Figurati che mi sorprendo a pregare Dio di aver pietà di loro, di lasciarli morire presto, per evitare ulteriori sofferenze. E ogni volta mi domando chi sia stato quel mostro che ha inventato tali armi, tali strumenti di distruzione.»

Si fermò sopraffatta dall'amarezza e dalla disperazione. Si riprese. Il bisogno di parlare, di raccontare, di sfogarsi, represso in tutti quegli anni la travolgeva. Il padre, lo vide subito, non sapeva niente o assai poco.

«Ne ho visti morire tanti, tanti da non poterli più contare. Tante facce anonime, visi pieni di dolore che non mi escono dalla mente neanche quando chiudo gli occhi per la stanchezza. Mi sembra di non dormire più come prima, da mesi, da anni. Vedo sempre corpi, solo corpi cui è stata rubata l'identità già nel momento stesso in cui sono stati mandati a farsi ammazzare. Solo corpi, non persone con una propria esistenza, persone come io e te, non so come spiegarti... corpi mutilati della loro personalità. Mi sembra che l'Europa sia ora affollata da ombre, solo ombre, milioni di ombre che vagano alla ricerca del proprio corpo, del proprio nome: braccia, gambe, teste... tutte senza nome. Anime smarrite, esistenze perdute. Milioni e milioni, venuti qui anche dai paesi più lontani per farsi ammazzare. Tutti posseduti da un perverso bisogno di distruzione... e nessuno smette, nessuno è disposto a darsi per vinto!»

Tacque un lungo momento. Quel senso di benessere che aveva provato ancora qualche minuto prima dopo il pasto abbondante era sparito.

«Si possono capire queste cose? Perché si lasciano massacrare, mi chiedo ogni volta, per chi, per che cosa? Morire per la patria e per il Kaiser... chi ha inventato questi ideali? Io non posso più sentire questa frase. Cosa ha a che fare questa guerra, ogni guerra con l'amor patrio? Da chi dovevamo difenderci? Chi ci minacciava, chi ci ha aggrediti? Ora nessuno più parla di patria, di Kaiser... Si muore, si muore solo e nessuno sa perché. Un'orgia di morti. Che senso ha tutto questo? Pensa, quelli che riusciamo a rimettere in piedi vengono subito rispediti al fronte per farli ammazzare...»

Si fermò un momento per cercare di frenare il flusso di parole che quasi la soffocava, sopraffatta da una profonda commozione.

«Se tu avessi visto gli occhi di quegli uomini, quella desolazione, il dolore e l'impotenza!» concluse infine con profonda amarezza, gli occhi lucidi di lacrime di rabbia. Parlando aveva dimenticato che si rivolgeva a un interlocutore che non aveva vissuto le sue stesse esperienze. Fuori dal mondo, arenato in una realtà fittizia, estraniato sempre più dal tempo in cui viveva. L'ascoltava curioso, interessato, in qualche modo senza riuscire a partecipare dei suoi sentimenti, delle emozioni che la coinvolgevano così profondamente. Cercò di dire qualcosa:

«Sono esperienze terribili... non so però se sia necessario viverle così da vicino come fai tu. Col tempo sono certo che riuscirai a superare queste impressioni.»

Tacque imbarazzato sentendo o meglio vedendo negli occhi della figlia di non aver trovato le parole giuste. In realtà era impreparato, inoltre non si era aspettato un resoconto così dettagliato. Cercò di superare il disagio con leggerezza:

«Cosa pensi che possa cambiare? Tutto dipende se vinciamo o perdiamo la guerra, poi si andrà avanti più o meno come prima...» La figlia lo interruppe con impazienza.

«Tutto come prima? Come puoi pensarlo? E poi la guerra è perduta, questo è chiaro. A Vienna non si parla d'altro. Ma sarà perduta per tutti, per vincitori e vinti: l'Europa dovrà affrontare uno dei periodi più neri della sua storia. L'unico vincitore sarà l'America. Stanno facendo soldi a palate approfittando delle nostre pazzie. Riforniscono Inglesi e Francesi di armi, di viveri e di tutto il resto. Dall'altra parte dell'Oceano si stanno arricchendo a nostre spese.

Vincere la guerra... solo tu puoi avere ancora dubbi. Il nuovo Kaiser, Karl, non ha la personalità né l'energia necessaria per tenere tutta la baracca ancora in piedi. L'anno scorso ha tentato di scendere a patti, ha cercato ingenuamente di concludere la guerra, di salvare il salvabile. Troppi errori sono stati fatti prima e non si è accorto che la partita veniva giocata da altri, che noi eravamo già fuori gioco... una pedina, niente altro che una pedina in mano ai veri potenti del mondo! Ecco cosa siamo noi. E vedrai come tutto crollerà. Dell'Impero Austro-Ungarico resterà solo un mucchietto di macerie. Un ricordo per i libri di storia.»

Il padre non sentì le ultime parole e proseguì con calma.

«Abbiamo avuto abbastanza guerre in passato, dopo la vita ha ripreso.» La figlia non lo lasciò proseguire.

«No. Questa non è una guerra come tutte le altre. Non credo che tu riesca a capire cosa vogliano dire quattro anni di trincea: spostarsi di poche centinaia di metri con perdite umane enormi per esserne ricacciati via poche ore o pochi giorni dopo. Quante battaglie sono state fatte sull'Isonzo? Lo sai? Hai potuto contarle? Dieci, dodici? E quanti morti? Sul fronte occidentale e qui, sulle Alpi e sugli altri fronti? Si massacrano a vicenda per poche centinaia di metri. Non è assurdo tutto questo? Ti sei mai chiesto perché l'Italia ci ha dichiarato guerra, pur facendo parte della Triplice Alleanza? Un tale tradimento! Tutti gridano al tradimento senza pensare alle vere cause di questo voltafaccia. Perché non abbiamo dato l'autonomia quando c'era ancora tempo di farlo? Questi sono i frutti di anni di repressione. Cosa gli avranno promesso gli Inglesi in cambio del loro intervento sulle Alpi? Avevano bisogno di un nuovo fronte e il governo italiano, senza alcuna preparazione strategica, senza armi, vestiti per i soldati, vettovaglie, ha mandato i poveri contadini del sud a farsi ammazzare con chissà quali promesse che sicuramente non manterrà. Tutte cose che sapranno i nostri posteri, quando nessuno di noi sarà più qui!

E la fame. Tu non sai quante centinaia di migliaia di persone sono morte di fame in Germania e nel resto dell'Europa.

Già. La Germania e il germanismo. A Vienna non sentivo altro, prima della guerra. Ancora adesso non riesco a capire per quale motivo abbiano approfittato delle nostre beghe con i serbi per aggredire la Francia e il Belgio! Avrebbe potuto restare una piccola guerra circoscritta ai Balcani, e invece i cari alleati sono riusciti a provocare una vera e propria guerra mondiale. Adesso anche loro sono in difficoltà. Con l'entrata in guerra dell'America finirà tutto e noi austriaci o tedeschi, ne usciremo con le ossa rotte. Resteranno solo migliaia e migliaia di tombe sui campi di battaglia, milioni di ombre vaganti su questa povera Europa. E tanta miseria.»

Si fermò un momento, amareggiata, avvilita.

«Abbiamo perso ogni illusione. Questa guerra ha spazzato via sistemi di vita che ci sembravano eterni. Sono cadute tutte le impalcature che fino a prima della guerra avevano sostenuto un sistema di per sé già corrotto e sorpassato. Era ora che si facesse piazza pulita. Ma non a prezzo di tanto sangue. Ora è necessario che vengano altre idee, aria nuova. La cosa più inquietante è che qui mancano gli uomini giusti: non c'è una sola personalità in grado di prendere la situazione in mano, di dare un nuovo assetto alla vita sociale, alla politica. Abbiamo bisogno di altre prospettive, infine. Il vecchio Kaiser era anche lui solo un'impalcatura, un sopravvissuto del secolo scorso, incapace di reagire adeguatamente alla realtà che già da tempo preme da tutte le parti. Avrebbe fatto bene a morire dieci anni prima.»

Sospirò amaramente.

«Tu lo sai cosa sta succedendo in Russia? Lì sì che hanno gli uomini giusti...» Tacque un momento. Sentì di essersi riscaldata, di aver reagito con violenza alle parole del padre. Cambiò tono e discorso.

«In ogni caso io non resterò qui fino alla fine della guerra. Ho un permesso di due settimane e ho già perso tre giorni per il viaggio, questo vuol dire che dovrò partire presto, accada quel che vuole.» Il padre sopraffatto da quell'esplosione, dall'emotività di Valerie si chiuse in se stesso, quasi per difendere il proprio mondo ancora intatto di illusioni. Certo aveva letto i giornali, sapeva della tragedia che sconvolgeva l'Europa, ma non ne era rimasto così coinvolto come la figlia. E poi i giornali raccontavano giusto quello che il comando militare permetteva venisse pubblicato: si chiese chi la tenesse così bene informata con notizie che sembravano essere di prima mano, anzi di provenienza nemica. Ebbe bisogno di alcuni minuti per riprendersi.

Cadde un lungo silenzio. Sembrava fossero esaurite le parole che avrebbero potuto avere ancora senso. Infine le chiese se voleva uscire con lui, fare quattro passi, in pace.

Valerie accettò, anche perché l'atmosfera di quella stanza si era talmente arroventata che un cambiamento d'aria si era reso necessario.

Aria nuova

Quel pomeriggio camminando accanto al padre ritrovò la calma. Silenziosi, uno accanto all'altra, sentì rinascere i vecchi sentimenti di tenerezza, l'antica fiducia, l'amicizia che da sempre la legava a lui: notò i capelli ormai bianchi e ricordò l'improvviso crollo, come in seguito alla morte della madre era rapidamente ingrigito.

Non seppe mai che il padre proprio quella tragica mattina, dopo una notte agitata, aveva dimenticato di darsi una mano di colore. Già da anni infatti, appena alzato e lavato aveva preso l'abitudine di passare su baffi e barbetta una tintura nera con l'aiuto di un minuscolo spazzolino, per nascondere i molti fili bianchi che denunciavano un'età cui non si sentiva ancora preparato. Quella mattina capì che quella civetteria non aveva più ragione di essere. Notò poi che quell'improvvisa canizie suscitava rispetto, stupore anche; una dimenticanza che veniva considerata, al contrario, un segno di lutto, un dolore inaspettato per un uomo come lui.

Si era fatto tagliare la barba, non più di moda, portava però ugualmente un bel paio di baffi bianchi, come ogni polacco degno di questo nome.

Vide in lui una nuova stanchezza, una lentezza nei movimenti che non gli conosceva. Ne sentì pena. Pensò che il padre stava invecchiando. Anche per lui si era chiuso per sempre quel periodo entusiasmante della vita quando ancora intraprendeva lunghi viaggi di affari e godeva di tutti i privilegi che la sua condizione sociale gli offriva, senza farsi domande sul domani.

La sera, dopo cena, Valerie rimase nello studio per cercare qualcosa da leggere.

Quella stanza era un pezzo di passato. Ogni volta che tornava lì era un rivisitare i luoghi della propria infanzia. I mobili, sistemati con lo stesso ordine, avevano arredato una stanza simile nella vecchia casa di Lemberg: le stesse tende, i tappeti, le poltrone e l'ottomana dove il padre era solito schiacciare un pisolino le poche volte che restava in casa. Anche i libri erano gli stessi, e li ritrovò al solito posto. Il padre osservava la giovane donna con curiosità, anzi la studiava quasi non la conoscesse più.

«Siediti un momento. Lasciati guardare. Dimmi cosa pensi di fare, dopo, quando sarà finita la guerra.» Si interruppe, quasi non sapesse come continuare, stranamente a disagio.

«Questa mattina ho sentito aria di rivoluzione... che tu abbia abbracciato l'idea dei bolscevichi?»

Tenendo ancora un libro in mano, *Il rosso e nero* di Stendhal che aveva letto in gioventù, Valerie si sedette di fronte al padre. Sorrise un po' divertita.

«Tu vuoi sapere se sono comunista. È questo che ti inquieta. L'ho notato tutto il pomeriggio. A cena non hai fatto altro che scrutarmi. Credi che le idee possano trasformare i lineamenti di un viso? O il modo di essere? Ma forse sì, il modo di essere sì.»

Rimase un momento, in attesa. Il padre l'ascoltava, continuando a fissarla.

«Le idee hanno veramente il potere di cambiare radicalmente una persona, ne sono convinta. È vero, non sono più quella di una volta, troppe cose sono accadute in questi ultimi anni. Hai ragione, non sono la stessa donna di prima, hai visto bene. Le esperienze vissute in questi anni hanno cambiato il mio modo di pensare, il mio modo di essere, credo perfino il mio carattere... e i pensieri sono una conseguenza della vita che conduciamo.»

«Vuoi farmi una dissertazione sulla natura dei pensieri e sulle sue conseguenze?»

La interruppe sorridendo a sua volta con una punta di ironia. «Non hai ancora risposto alla mia domanda... se non vuoi, non potrò certo costringerti.»

Si alzò dalla poltrona, una grande poltrona di pelle scura, proveniente anche questa dalla sua vecchia casa di Lemberg, e fece quattro passi fino alla finestra. Guardò fuori. Non si vedeva nulla, tutto era buio e silenzioso, sembrava che la vallata fosse stata inghiottita da un mostro. Anni prima gli era sempre piaciuto guardare le piccole luci sparse, come lucciole lontane. Ora le luci venivano spente assai presto. Riabbassò la pesante tenda che oscurava anche la propria casa e si girò di nuovo verso la figlia. La sua voce era appena velata di tristezza:

«Prima ci siamo sempre detti tutto, anche le cose più spiacevoli, senza inimicizia. E lo sai, ero molto fiero della fiducia che avevi riposto in me, anche se so di non averla sempre meritata. Ma lasciamo stare il passato. Non credi che ti possa capire ancora? Pensi che sia così retrogrado, anzi così fossilizzato da non capire quello che ti frulla per la testa?»

Valerie rise divertita, un bagliore negli occhi come quando bambina combinava qualche marachella all'insaputa della Frau Mitzi e si rifugiava fra le braccia del padre onnipotente.

«Retrogrado sì, fossile no. Benché per il momento mi sembri di vedere solo fossili intorno a me. La gente come te non riesce a guardare avanti. Siete proiettati verso il passato. Per voi contano solo i bei tempi antichi. Voi pensate che finita la guerra tutto possa tornare più o meno come prima. Avete in testa solo il vostro passato glorioso...» Fece una pausa di colpo pensierosa. «Mi chiedo glorioso di che? Del vostro benessere, dei vostri privilegi. Anch'io ho goduto di privilegi non meritati, lo devo ammettere, solo che ho aperto gli occhi, ho visto troppe cose che prima non immaginavo neanche potessero esistere e ho sofferto anch'io, come tutti gli altri. Infine ho imparato a pensare con la mia testa, ti sembrerà strano, ma è così.» Lui quasi mormorò fra sé:

«Non mi sembra affatto strano: tu hai sempre pensato con la tua testa, io lo so forse meglio di te.» Lei intanto inseguiva un pensiero che come un filo si riallacciava alla conversazione avuta dopo pranzo.

«No. Non credo che tutto possa tornare come prima. Negli occhi dei soldati ho letto un gran risentimento, un desiderio di rivalsa. Una ferma decisione. Solo in pochi c'era rassegnazione. Finita la guerra, tutti quelli che hanno perduto quattro anni, forse cinque della loro vita a lottare per la gloria della patria, non saranno disposti a piegare un'altra volta la testa, a credere ancora nell'autorità di chi sta sopra di loro. Vedrai...»

«Vuoi dire che scoppierà anche da noi la rivoluzione come in Russia? Cara bambina, il nostro popolo è molto più civile, noi non abbiamo subìto la repressione zarista, da noi non è mai esistita schiavitù.»

Valerie quasi non avesse aspettato altro esplose.

«La rivoluzione è segno di civiltà. Soltanto un popolo che pensa può rivoltarsi contro chi lo sfrutta. È ora di finirla con i soprusi, con le ingiustizie, con la miseria di tanti e la ricchezza di pochi. È arrivato il momento di porre fine alla vecchia tradizione del padrone e del servo: bisogna dare la terra a chi la coltiva e la fabbrica a chi vi lavora. Questa è giustizia e per questo vale la pena di lottare.»

Si interruppe un momento e cercò di ritrovare la calma. Con voce più pacata proseguì.

«In ogni caso, un'altra guerra come questa non potrà più esserci, ne sono convinta. Ci sarà un lungo, lunghissimo periodo di pace, nessuno avrà più voglia di ammazzare il suo vicino, tutti vorranno ricostruirsi una nuova esistenza, riparare i danni causati da questa pazzia collettiva e sostituire i vecchi regimi con nuovi sistemi di governo, affinché non ci siano più guerre. Vedrai un'Europa senza teste coronate, ne sono convinta. Almeno questa tragedia ha avuto un senso!»

Il padre osservava preoccupato i suoi occhi scintillanti di una luce fanatica.

«Chi ti ha contagiato? Chi sono le tue nuove amicizie? Tu dici di aver imparato a pensare con la tua testa, io invece ho l'impressione che tu ragioni con la testa di un altro. Cos'è questa storia del padrone e servo? È sempre stato così, da che mondo è mondo e sarà sempre così, io ho più esperienza di te per poterlo dire. La terra ai contadini... le fabbriche agli operai... utopie, idealismi, roba da libri, tutte teorie, parole, parole e niente altro! Gli uomini hanno sempre avuto bisogno di una guida, di uno al di sopra di loro, di un padrone e di obbedire senza pensare. La massa non sa pensare, non lo vuole nemmeno. Ma che ne dice la Frau Mitzi? A proposito, mi aspettavo di vederla, come ogni volta. Perché non è venuta con te?»

«Un'infermiera è sempre possibile sostituirla con un'altra infermiera, benché siano tempi assai duri. Ma una Mitzi Greiner non si può sostituire con nessuno. Lei è la spina dorsale del lazzaretto. Senza di lei crollerebbe tutta l'organizzazione. Verrà appena sarà finita questa maledetta guerra. Ho dimenticato di dirti che ti manda a salutare.»

«Grazie. Anche lei ha le tue stesse idee rivoluzionarie? Non mi meraviglierei, col carattere che ha. E tu... tu hai avuto una vita diversa. Più ti guardo e più mi convinco che sei venuta a contatto con persone di ceto diverso dal nostro, lo vedo anche dal tuo modo di vestire... hai accorciato la gonna!»

«Mi sono tagliata i capelli e non porto più il busto. Vuoi dire anche questo? Lo so che ti scandalizzo. Parlare così apertamente di un indumento che in altri tempi, solo qualche anno fa, sarebbe stato indecoroso, addirittura indecente nominare. Certo la mamma non parlava neanche con me di busto, mutande e roba del genere, povera mamma. Io me ne infischio. E non si tratta di ceto. Ho tolto il busto con sollievo. Hai mai visto un'infermiera col busto? I capelli lunghi poi erano soltanto un gran fastidio, cosa d'altri tempi. Un'ora per pettinarli con l'aiuto di una pettinatrice. Adesso sono una donna che lavora e non ho tempo da perdere con sciocchezze del genere. Inoltre voglio lavorare anche dopo. Sono fermamente decisa.»

Poi a voce più bassa, ferma:

«No, non voglio fare la vita che ha fatto mia madre: voglio essere indipendente, non voglio rendere conto a nessuno delle mie azioni, non voglio essere sottomessa a nessuna autorità maschile. Lotterò per l'uguaglianza dei sessi.»

«Oh, oh, oh... che parole sono queste? Autorità maschile, uguaglianza dei sessi! Vuoi cominciare la rivoluzione già in casa? Qui tira aria di tramontana!»

Valerie rise „una reazione del tutto coerente con la sua mentalità" pensò e scrollò le spalle: lei avrebbe percorso la sua strada, con o senza l'accordo paterno.

Pan Bodynski, nonostante la risata della figlia, travolto da quella esplosione di energia, di vitalità, l'ammirò, ne fu addirittura fiero, pur temendo che quelle idee potessero in qualche modo nuocerle, esserle di ostacolo in un prossimo futuro.

Nei giorni che seguirono ebbero altre discussioni, sempre accese da parte di Valerie, caute, ragionevoli da parte del padre. Sembrava che non ci fosse nessuna possibilità di un accordo, ma gli animi non erano ostili; era solo uno scontro di generazioni, un cambio della guardia con una visione del mondo in assoluto contrasto con la precedente.

Parlava di emancipazione femminile...

«Emancipazione da che?» aveva chiesto ingenuamente una volta: la figlia aveva risposto soltanto con una risata.

«Povero papà, che ti tocca sentire! Non ti accorgi che il mondo sta cambiando.»

Ancora peggio tornavano frasi come: lotta di classe, liberazione della donna...

«Di quali classi stai parlando? E liberazione da che cosa?» Sembravano discorsi fra sordi. Ogni tanto il padre sempre più preoccupato la interrompeva:

«Chi ti ha messo queste idee in testa?» Valerie dimentica di tutto, del luogo in cui si trovava e del tempo così precario nel quale vivevano, si ingolfava in discussioni appassionate, piene di idealismo, di entusiasmo, riuscendo spesso a smuovere positivamente le resistenze del padre, senza però convincerlo del tutto.

Furono due settimane intense, centellinate minuto per minuto, segnate come da un presagio, o dal presentimento dell'irripetibilità di quei momenti. Fu un addio, un congedo, un ultimo incontro in un tempo che nell'istante stesso in cui veniva vissuto diventava già passato. Passato remoto.

Il diaframma fra due epoche, arrivato a un punto di frattura ormai irreparabile.

Jaro spesso ascoltava i battibecchi fra padre e figlia e dopo un primo momento di incertezza, si schierò con decisione dalla parte della sorella: mai prima avrebbe anche solo osato essere di opinione contraria a quella del padre. Ora aveva messo le ali. La presenza di quella giovane donna lo turbava, metteva a soqquadro il suo equilibrio.

L'unica figura femminile alla quale aveva potuto avvicinarsi con una certa fiducia era sempre stata la vecchia governante, che di femminile aveva solo la cuffia e la lunga gonna. Si era lasciato accarezzare, prendere perfino sulle ginocchia, le volte in cui, ancora bambino, si era fatto male e aveva avuto bisogno di un po' di conforto. Ricordava il contatto con quel corpo caldo, morbido, vasto. L'odore di vecchio, un odore inconfondibile, e quei seni enormi come due grosse pagnotte dove era facile sprofondare, esserne sommerso, un incubo che lo aveva perseguitato in certe notti d'estate e dal quale si era svegliato ogni volta in un bagno di sudore.

Valerie invece era una donna eccitante, con quella fiamma rossa di riccioli in testa, ribelle, volitiva; una figurina elegante quasi di adolescente nonostante i suoi trent'anni; con qualcosa che il ragazzo non riusciva a definire ma che gli metteva il sangue in ebollizione. Ondate di calore, rossori improvvisi e un'inquietudine nuova, sconosciuta, lo rendevano insopportabile a se stesso. I suoi occhi lo tradivano più di quanto ne fosse cosciente. Valerie lo guardava e sorrideva, mentre lui la fissava, perso, una richiesta negli occhi, che sempre più si infossavano nelle orbite. Una malinconia e una nostalgia di amore femminile, amore materno. Forse già amore di donna. Valerie ogni volta che lo vedeva, lo baciava sulle due guance, fraternamente, come sempre, accarezzandolo sulla testa. Lo guardava negli occhi e lo rassicurava.

«Ce la farai, ne sono certa e il tuo Tato ti aiuterà.» Il ragazzo, un nodo alla gola, un giorno ebbe il coraggio di dirle:

«Perché non resti con noi?»

Valerie, man mano che i giorni passavano si allontanava sempre più da quei luoghi. Era sempre più assente, già altrove. Finché arrivò veramente il giorno della partenza.

Il ragazzo soffrì più di tutti. Fu la prima grande separazione della sua giovane vita.

Sette mesi dopo, il 5 novembre 1918, le truppe italiane entravano a Merano, quasi alla spicciolata: soldati impolverati, stanchi, disillusi, come li aveva descritti Valerie, col solo desiderio di riposare, di tornare a casa, alla normalità.

Fine della guerra

Per il Sudtirolo però non tornò la normalità. La fine della guerra mise tutta la regione in stato di precarietà e di insicurezza. Si aspettavano i trattati di pace con grandissima apprensione. Sembrava deciso che l'Italia avrebbe annesso il Trentino e il resto del territorio fino al Brennero: ora riscuoteva il prezzo pattuito per la sua entrata in guerra, per il suo tradimento, così si diceva più o meno apertamente.

Valerie aveva avuto ragione.

Il signor Bodynski più di ogni altro ne venne coinvolto; da mesi non aveva più notizie da Vienna e una nuova frontiera gli impediva di correre a vedere di persona cosa era accaduto.

Valerie. Ogni lettera restava senza risposta, si diceva che niente potesse passare oltre il Brennero. Neanche la posta.

La notte non dormiva più come prima. Si svegliava spesso, il più delle volte oppresso da un sogno che però subito dimenticava. Sogni che rispecchiavano le sue angustie quotidiane, questo lo sapeva, e sempre l'inquietudine per la figlia e l'incertezza del momento.

„Ho l'impressione che tutto stia crollando intorno a me... E Valerie? Perché non risponde alle mie lettere... che stia male? forse è in pericolo... con quelle idee rivoluzionarie che ha in testa non mi meraviglierei affatto." Ogni notte la stessa domanda, la stessa ansia.

Si sollevava a sedere sul letto, l'aria della stanza fredda nonostante l'inverno mite, e rifletteva.

Spesso si alzava, cercava la sua pesante vestaglia, lasciata cadere sulla poltrona accanto, l'indossava e si sedeva sulla sponda del letto. Per diminuire il senso di solitudine accendeva la candela che si trovava sul comodino, lo stesso candeliere di rame che aveva a Lemberg, e ogni volta, prendendolo in mano, ne ritrovava la forma. Un vecchio ricordo. La madre di Franzi, ormai morta da anni, era arrivata con quei due candelieri, qualche mese prima delle nozze. Non passava giorno senza che portasse qualcosa per arredare la nuova casa. Come tutto era lontano! Li aveva presi al mercato, insieme ad altri oggetti: un lavoro degli Huzuli, aveva dichiarato entusiasta. Quelli sì, sapevano lavorare il rame e il legno, veri artisti, famosi in tutta la Galizia per il loro artigianato. Pare ci fosse in ogni famiglia uno specialista. Anche Axenia era un'artista, una specialista. In altro campo. Chissà che ne era di lei e del suo popolo. Si erano sempre considerati slavi, saranno stati contenti almeno loro di rientrare in seno alla loro gente. O forse no. La Bukovina, dove risiedeva la maggior parte degli Huzuli, si diceva sarebbe passata alla Romania, almeno in parte.

Appena scoppiata la guerra i russi erano subito entrati a Lemberg, quasi non avessero aspettato altro. Alla fine di agosto, nel '14. Lui, per sua fortuna, non era più lì da tempo, ma i suoi amici, i luoghi che ancora gli erano cari, la sua villa stupenda della quale era stato tanto fiero e che aveva venduto non senza dolore. Ne aveva ottenuto un buon prezzo. Certo una piccola consolazione. Ora chissà in che condizioni era, chi ci abitava: russi o ucraini, gente che disprezzava in ugual misura. Tanti pensieri si affollavano, lo tormentavano. Forse la città era stata distrutta, o l'avevano risparmiata, certo violata nella sua bellezza. Soffriva al pensiero della sua città in mano ai soldati, ai russi.

„I russi non sono mai stati teneri con gli ucraini... e con i polacchi. Chissà cosa succederà ancora, lì la guerra non sembra essere finita. Gli ucraini adesso vogliono avere anche loro uno Stato proprio, ma non credo che i russi, con o senza zar, diano loro l'autonomia, ci tengono troppo al porto di Odessa e al grano ucraino! No, non finirà bene per nessuno." Un pensiero assai sconsolante. „I ruteni o ucraini non hanno nessuna tradizione né cultura nazionale, neanche la loro lingua è mai stata riconosciuta dalla Russia, l'hanno sempre considerata un loro dialetto. Mi chiedo che Stato possa venir fuori. Noi sì, noi abbiamo una lingua e una tradizione culturale che non ha niente da invidiare al resto dell'Europa e noi manterremo il nostro Stato... noi? Io che c'entro?" Riflessioni che lo inquietavano: voleva cominciare a mettere ordine in Europa per ritrovarne uno nella propria testa. Perché adesso non sapeva da che parte stare. Lui era cittadino austriaco o polacco? E adesso? Avrebbe dovuto prendere la cittadinanza italiana, se tutto andava secondo le più nere previsioni? Forse era arrivato il momento di emigrare, lasciare l'Europa, andare oltre oceano. E Valerie e... Mitzi? Sarebbero venute con lui?

Una notte, più inquieto che mai, si alzò come sempre, si avvicinò alla finestra e scostò le tende per guardare fuori sperando fosse già giorno. Buio pesto. Neanche sulla cima della montagna si intravedeva qualcosa. Il cielo doveva essere annuvolato perché era scomparso persino quel quarto di luna che aveva scorto la notte precedente. Riabbassò le tende e il freddo lo costrinse a rimettersi a letto, sotto il piumino. „Domani vado al comando militare italiano e chiedo un permesso." Decise. „Devo andare a Vienna. Chissà cosa è successo alla Währingerstrasse". Era lì che abitava la figlia, in un lussuoso appartamento che aveva messo su lui stesso come regalo di nozze.

Quanti anni da allora e quanti cambiamenti.

Prima della guerra, tutte le volte che si trovava a Vienna, non tralasciava di fare un salto a Lemberg. Solo ventiquattro ore di treno con tutti i comfort che la tecnica moderna poteva offrire, e un famoso vagone ristorante dove valeva la pena fermarsi a prendere i pasti. Bei ricordi. Allora si viaggiava da signori con la ferrovia della monarchia asburgica... chissà adesso. Lemberg era più lontana che mai.

„Lì non c'è più nessuno. Solo la tomba di Franziska." Dopo la vendita della villa, tornare nella sua città per lui significava scendere all'Hotel George, un albergo di grandi tradizioni, in pieno centro, il più elegante di Lemberg. Ma nonostante il lusso si era sentito in terra straniera; anche a Merano si sentiva in terra straniera.

„È proprio il destino dei polacchi sentirsi sempre in terra straniera. Finalmente abbiamo una patria. Uno Stato polacco, quasi non posso crederci, e anche lì, ormai, sono uno straniero. Parlo solo la stessa lingua. Cosa mi lega a quella gente? Mi sembra di non avere radici... o meglio le mie radici sono rimaste a Boryslaw, fra quelle capanne di legno dove sono nato e cresciuto. Se penso a Boryslaw mi sembra di sentire quell'odore. No, con Boryslaw ho chiuso ormai da un'infinità di anni. Meglio non avere radici, se le radici affondano in quella pasta nera puzzolente."

Scacciò quei pensieri a fatica.

„In realtà sono impregnato di cultura austriaca, Franziska, Valerie e... Mitzi. Queste tre donne hanno cambiato la mia vita. Le altre, tutte storie da poco, niente che sia andato oltre uno scambio di servizi. Ben pagati del resto."

„E qui? Cosa succederà qui?" Si rigirò nel letto, di nuovo inquieto. „Qui sembra che gli italiani si siano già presi il loro pezzo di torta: Valerie era ben informata. È per questo che sono entrati in guerra. Il vecchio Impero Austro-Ungarico è diventato una grande torta suddivisa fra i vincitori. Un pezzo Tizio. Un pezzo Caio. Un pezzo Sempronio... se ne staranno tutti intorno a un tavolo, la carta geografica stesa accuratamente, che non faccia pieghe, affinché nessun angolo venga trascurato, una riga e una matita in mano e via: una linea qui e già nasce un nuovo Stato, un'altra linea e uno Stato scompare. Ognuno vuole avere la sua parte e dopo cinque secoli di dominio austriaco non resterà che un pugno di staterelli incapaci di sopravvivere. Nasceranno chissà quante rivalità, ognuno convinto di aver avuto la fetta più piccola. E chissà che non ci avviamo verso una nuova guerra. Valerie diceva che avremo un lungo periodo di pace. Fosse vero!" Pensieri molesti che non gli facevano trovare sonno.

„Perfino il Tirolo pensa di staccarsi dall'Austria, vecchie idee separatistiche che ribollono... e il Vorarlberg addirittura vuole unirsi alla Svizzera, chiedono un referendum! Storie ormai vecchie che si ripetono. Che resterà dell'Austria, se anche i veri austriaci si separano? E l'inflazione? La corona vale ogni giorno di meno.

A Vienna torna la vecchia idea di unirsi alla Germania. L'Austria... una provincia della Germania, non posso crederlo. Per fortuna il resto dell'Europa non è d'accordo. Una partita a carte che hanno giocato fra di loro, tre grandi case regnanti, per secoli, Russia, Germania, Austria... e hanno perso tutte tre. Del resto anche i paesi vincitori sono a terra. Aveva ragione Pilsudski, l'unica a trarre dei vantaggi da una guerra europea sarebbe stata la Polonia! E così è stato."

Lui si considerava un uomo fortunato perché anni prima, al momento del trasferimento, aveva depositato tutti i suoi capitali in Svizzera. Almeno da questo punto di vista non aveva niente da temere. La figlia al contrario poteva dirsi rovinata: il pacchetto di titoli di Stato, la sua dote di nozze, adesso era buono solo per accendere il fuoco nel caminetto. Aveva sentito dire che per comprare un biglietto del tram bisognava sborsare diecimila corone! E la paga di un operaio poteva superare la cifra iperbolica di un milione... un milione!

„Domani vado al comando militare. Mi devono dare un permesso. Devo assolutamente rivedere Valerie, costi quel che costi."

Un viaggio che non avrebbe potuto essere più disastroso: controlli interminabili alla nuova frontiera del Brennero; sbarramenti dappertutto; soldati italiani armati fino ai denti, quasi si aspettassero una nuova aggressione del vecchio nemico ormai in ginocchio; e ancora cambi di treno; fermate ingiustificate su binari morti che potevano durare ore; segni di distruzione dappertutto; vagoni smembrati e treni strapieni di gente in movimento; soldati e donne, molte donne malvestite, sbucate chissà da dove. Contadine che ancora pochi anni prima oltre al campicello e la chiesa del loro villaggio non avevano visto altro, ora in cammino, fermamente determinate, decise a tutto pur di procurarsi qualcosa da mangiare. E la fame che si poteva leggere negli occhi duri, rapaci, sulle facce smagrite, sugli stracci che coprivano i corpi denutriti. Nei loro occhi leggeva anche lo stupore, la rabbia e una domanda: da dove viene questo signorotto in pelliccia, così ben nutrito, con quell'elegante borsa da viaggio stretta in mano? Appena entrava in uno scompartimento tutti gli sguardi si fissavano su di lui e si sentiva soppesato, spogliato, sbranato. Non poche volte temette che gli venisse strappata di dosso la pelliccia che imprudentemente aveva messo per via del freddo. Subito, già alla stazione di Bolzano aveva capito di aver sbagliato tutto. D'altra parte aveva considerato la stagione a Vienna e tutti gli imprevisti di un simile viaggio.

Ventiquattro ore da incubo, come non aveva mai vissuto neanche nei tempi peggiori della sua gioventù. Finalmente, una settimana dopo la Pasqua di quel 1919, scese alla Westbahnhof.

Vienna!

Aveva fame. L'ultimo pezzetto di pane gli era stato strappato di mano da una donna che lo aveva fissato con occhi disperati, famelici. E non fu per pietà che glielo diede. Pensò di prendere qualcosa al ristorante della stazione: chiuso. La stazione stessa era, e non seppe spiegarsene il perché, desolata; poca gente miseramente vestita circolava senza fretta, senza meta; soldati con la barba lunga, l'uniforme malandata, gli occhi sfuggenti; e la fame che trasudava come una malattia contagiosa, incurabile.

Uscì con sollievo, lo stomaco continuava a brontolare senza riguardi. L'ultima volta che aveva mangiato un boccone era stato ancora a Marling; a fatica aveva inghiottito qualcosa, preoccupato solo di tranquillizzare Jaro che avrebbe voluto venire con lui. Sentì una grande stanchezza, sia per la fame che per la notte trascorsa in piedi.

Prese il primo tram che trovò. Percorse la Mariahilferstrasse, un quadro di desolazione, distruzione, miseria. Il tram era affollato, gente che premeva senza nessun riguardo; la bigliettaia, una donna robusta, energica, volgare, ancora in divisa blu con i bottoni dorati (alcuni mancavano), andava da un passeggero all'altro staccando biglietti con fare risoluto. Sembrava che il mondo appartenesse a lei, che fosse ora lei a tenere le carte in mano. Quel dialetto, il viennese di Ottakring, suonò alle sue orecchie come uno schiaffo, un colpo di frusta, un chiaro segno del declino di un'epoca. Gli parve sboccato, *ordinär,* una lingua priva di fascino e melodia. Non era il viennese elegante, aristocratico a volte lezioso e affettato di Franziska, di Mitzi e di Valerie.

Scese all'incrocio con il Ring e, con un senso di liberazione, proseguì a piedi, benché sapesse di avere ancora un buon tratto di strada davanti a sé.

Aveva bisogno di camminare, di star solo.

Era una giornata fredda, grigia, di fine marzo. Un vento gelido spazzava le strade, tagliava la faccia. La primavera a Vienna sembrava essere assai lontana. La neve, sporca, ormai fangosa, ammucchiata sull'orlo dei marciapiedi, occupava ancora le strade: „anche i servizi vengono a mancare", pensò, „nessuno che si preoccupi di spalare la neve, di tenere la città pulita." Qua e là cartacce che il vento spostava senza sosta. Prese una di quelle cartacce, un manifestino vecchio di qualche giorno, un invito a una dimostrazione del partito comunista, lo buttò di nuovo a terra e accelerò il passo, inquieto, l'animo pieno di presentimenti.

Finalmente avvistò la Votivkirche. Lì dietro l'Hotel Regina, dove scendeva ogni volta che veniva a Vienna, e la Währingerstrasse. Subito all'angolo l'elegante palazzo dove aveva sistemato la figliola. Il cuore smise un momento di battere: cosa avrebbe trovato? Sentì una mollezza nelle gambe che attribuì alla fame e alla stanchezza. Si avvicinò al portone, chiuso. Bussò. Dopo un tempo interminabile si aprì la porticina laterale e si affacciò la vecchia portinaia, sempre la stessa, che subito gli tornò in mente. Nella sua agitazione l'aveva dimenticata. La donna lo lasciò entrare rovesciandogli addosso una valanga di convenevoli, di 'mi-rallegro-che-piacere-finalmente' e così via, stendendo senza complimenti la mano: aveva subito riconosciuto nel signore con la pelliccia quello che era solito dare mance molto generose.

Salì le scale che lo portavano al primo piano. L'ingresso grandioso, con colonne e statue in stile neoclassico, l'ampio scalone di marmo, tutto era squallido, forse per la poca luce, ma anche per la polvere e lo sporco; il rame dei pomelli a ogni angolo del corrimano non era lucidato; evidentemente la portinaia considerava superfluo pulire le scale in un periodo in cui non si sapeva più chi fosse padrone e chi servo.

Si fermò un momento davanti alla porta per riprendere fiato, anche per calmare l'agitazione che sempre più si impossessava di lui. Un momento temette di trovare un altro nome sulla targhetta. Cosa avrebbe fatto, allora? Il nome era ancora lì, anche se la targhetta non brillava come una volta. Bussò con le nocche della mano, il campanello non funzionava. Dopo qualche minuto sentì dei passi lungo il corridoio della casa. Poi la chiave girò nella serratura, qualcuno aprì, solo uno spiraglio, con la catena ben tesa; chiaramente la persona che apriva non attendeva visite, ed era oltremodo diffidente. Nella penombra dell'ingresso non riconobbe la figura che si mostrava appena, né la voce, dura, imperiosa che chiedeva:

«Chi è?»

«*Ja jestem*[1], Bodynski» rispose in polacco.

Si meravigliò che gli fosse venuto spontaneo parlare nella sua lingua, ma la persona che stava dietro la porta capì, perché chiuse subito, tolse la catena e spalancò la porta con slancio: era Mitzi Greiner. Nonostante fosse quasi mezzogiorno, la casa, le scale, tutto affondava nella penombra. Si guardarono più a lungo di quanto ne fossero coscienti, sorpresa l'una, sopraffatto dall'emozione l'altro; più che un guardarsi fu un percepirsi come fanno le formiche che incontrandosi si sfiorano con le antenne senza vedersi veramente. Poi la donna si spostò e senza una parola lo fece entrare. Richiuse la porta con la chiave e mise la catena. Si girò e Kazimierz seguendo un impulso incontenibile la strinse fra le braccia. Non sentì il suo corpo, il cappotto di pelliccia e qualcosa d'altro si frapponeva fra di loro: era lei, ne riconobbe l'odore. Mitzi stupita ma travolta da una improvvisa commozione, si abbandonò in quell'abbraccio appoggiando il viso alla sua guancia, intanto che Kazimierz balbettava affannato nel suo orecchio:

«Mitzi... dov'è Valerie?»

Gli sembrava di vivere ora il sogno da sveglio. Quante volte si era immaginato quel momento e sempre si era bloccato in quel preciso istante. Alla domanda „dov'è Valerie" non aveva mai ricevuto risposta. Ora la risposta sarebbe arrivata e ne ebbe paura. Mitzi si sciolse dalle sue braccia, quasi contro voglia e gli tese la mano, prese la sua e lo guidò lungo il corridoio. Si accorse che la casa era fredda, silenziosa, quasi vuota. Man mano che andava avanti notò qualche porta aperta, si fermò un momento e gettò uno sguardo dentro: era il salone, lo ricordava bene. Fermo sulla soglia

[1]Sono io

girò gli occhi intorno stupito. La grande stanza era vuota, mancavano i tappeti, i quadri, i divani e poltrone, i mobili, eccettuato una credenza a vetri, massiccia, svuotata di tutto, evidentemente troppo pesante per essere trasportata. Anche i lampadari mancavano e le tende. La donna seguì il suo sguardo:

«Abbiamo dovuto vendere tutto per non morire di fame. Tutto. Anche le altre stanze sono vuote» disse con calma. Furono le sue prime parole. La voce era sempre la stessa. Solo ora Kazimierz la guardò veramente, Mitzi sembrava non essere stata sfiorata dal tempo né dalle privazioni degli ultimi anni. I capelli ormai tutti grigi raccolti in una crocchia dietro la nuca; gli occhi vivaci, scuri; il viso appena smagrito; qualche ruga e l'espressione fiera che conosceva così bene. Niente era cambiato. L'alta figura spariva sotto uno strano mantello di pelo d'orso: questo l'ostacolo che si era frapposto fra la sua pelliccia e il corpo di lei. La pelle che in altri tempi aveva ornato un angolo del salotto, ora, tagliata la testa, cucita opportunamente con due aperture ai lati per farvi passare le braccia, la proteggeva dal freddo della casa.

Mentre cuciva quella pelle d'orso aveva scherzato con Valerie di seguire la moda dei contadini ruteni, che appunto andavano in giro coperti da pelli di pecora non conciate, puzzolenti, sporche, così come erano al momento in cui gli animali venivano scuoiati.

Rivoluzione?

«Sediamoci qui. È l'unica stanza un po' riscaldata di tutta la casa.» E spostò una sedia dal tavolo della cucina.

«Dov'è Valerie.» Ripeté per la seconda volta Kazimierz prima di sedersi, indeciso se togliere la pelliccia che teneva addosso già dal giorno prima. La sbottonò soltanto, in qualche modo sconsolato; non si aspettava di venir accolto in cucina, senza contare che neanche qui sembrava essere più caldo che nel resto della casa.

«È una lunga storia, ma è viva e fino a qualche giorno fa stava bene. Ora non è qui, non è a Vienna. In questo momento non so dove sia. È partita cinque giorni fa. Voleva espatriare, andare in Svizzera.» Mentre parlava si era accostata alla stufa e aveva ripreso a rimestare in un pentolino in cui bolliva qualcosa, una minestra probabilmente. Kazimierz girò lo sguardo intorno: anche la cucina era svuotata di tutto. Ricordò una parete coperta da una serie di pentole di rame, una credenza laccata in azzurro e bianco che aveva comprato insieme alla figlia e altri oggetti. Franziska si era rifiutata di venire a Vienna, una delle sue solite fobie. Chissà che fine aveva fatto tutta quella roba. Si vedeva ancora sulle pareti il segno dei mobili, delle pentole. I segni della miseria. Solo le tende pendevano ancora alla finestra, ingrigite, chissà da quanto tempo non lavate. I vetri opachi, sporchi lasciavano appena passare un po' di luce. Anche questo notò e si meravigliò. La sporcizia è compagna della miseria.

Infine posò gli occhi sulla donna che aveva seguito i suoi movimenti e di certo indovinato i suoi pensieri. Si guardarono a lungo, senza parlare. Mitzi fu la prima a ritornare alla realtà. Chissà quanti ricordi si erano affollati nella sua mente. Ancora sovrappensiero riempì una scodella di minestra, prese un cucchiaio di latta dal cassetto del tavolo e appoggiando il tutto davanti a lui, disse con calma:

«È una minestra di patate, niente di speciale, è soltanto calda.» Quasi si volesse scusare della povertà del pasto. Riempì un'altra scodella per se stessa e raschiò fino in fondo alla pentola ormai vuota; probabilmente si trattava della sua cena. Si sedette di fronte a lui e prese il cucchiaio in mano. L'uomo non si mosse, ancora stordito dal viaggio e dalle impressioni di quegli ultimi momenti.

«Mangia. Ti farà bene.» Lo incoraggiò e si mise a mangiare lei stessa. Non si era accorta di essere passata al tu, come in altri tempi: era stata travolta da uno strano senso di pietà, un misto di sentimenti fraterni, protettivi. Davanti a sé vedeva un uomo vissuto fino a quel momento fuori dal mondo, come le aveva raccontato Valerie un anno prima, ora sotto shock, smarrito come un bambino.

Kazimierz solleticato dal calore e dal buon odore della minestra, sentì quasi male allo stomaco. Cercò di padroneggiarsi e quasi vergognoso prese il cucchiaio in mano, l'osservò un secondo. Che fine aveva fatto l'argenteria che aveva regalato alla figlia?

Quanti anni non mangiava più qualcosa di così povero, con un cucchiaio di alluminio tutto ammaccato. I tempi di Boryslaw tornarono alla memoria.

«Ti sono sempre stato molto grato di non aver mai accennato alla presenza di mia madre nella nostra casa di Lemberg. Franziska non avrebbe potuto capire e tanto meno mia suocera. Sei stata molto generosa...»

Mitzi sorpresa alzò gli occhi dal piatto e lo guardò un momento. Tornò a mangiare. Roba vecchia, storie di un passato che sembrava quasi non essere mai esistito tanto era lontano.

«A casa, a Boryslaw, mangiavamo ogni sera una minestra come questa, quasi come questa. Mia madre non sapeva cucinare così bene come te. Per noi era però l'unico pasto caldo della giornata e avremmo mangiato anche pietre, tanto eravamo affamati.»

Tacque e riprese a mangiare. Non aveva mai parlato della propria infanzia con nessuno. Se ne era sempre vergognato come di una colpa, come pure di non essere mai andato a scuola. Ma sapeva leggere e scrivere e non solo in polacco, anche in tedesco. Durante gli anni della ricchezza, con un maestro privato aveva imparato segretamente il necessario.

«Mia madre lavorava come una bestia, dalla mattina alla sera insieme a noi due ragazzi. Ricordo di aver lavorato sempre da bambino. Quella maledetta pasta puzzolente dalla quale si ricavava il petrolio... dovevo prenderla con le mani, metterla in piccoli recipienti di legno e portarla in un posto di raccolta. Si faceva tutto con le mani. Mio padre invece entrava direttamente nei pozzi, anche a profondità di 15 metri, più tardi anche di 60 e più metri. Con le mani staccava quella pasta dalle pareti, riempiva dei secchi di legno e per mezzo di una carrucola venivano poi tirati su. Ma che ti sto raccontando? Scusami, è tutta colpa di questa minestra, mi ha riportato alla mia infanzia.» Riprese a mangiare. Poi aggiunse:

«Volevo solo dirti che anch'io ho conosciuto la miseria.» E abbassò la testa confuso, indifeso, di colpo ragazzo.

Mitzi lo ascoltava senza meravigliarsi di niente, sapeva della sua miseria. Lo aveva letto sul volto della madre, nel suo sguardo di bestia bastonata; sulle mani corrose, consumate da anni di lavoro. E in quel suo modo particolare di afferrare il cucchiaio e di mangiare, ansiosa, nonostante gli anni di benessere cui non sembrava essersi abituata.

«Ho sempre saputo della tua infanzia.» Raccolse gli ultimi resti della minestra dal fondo della scodella. Posò infine il cucchiaio. Rimasero per un certo tempo silenziosi, ambedue assorti, non accomunati nel silenzio. Infine proseguì, quasi un soliloquio.

«La nostra sofferenza però è diversa. Scontiamo i peccati della nostra generazione, gli errori commessi anche da noi che non abbiamo saputo reagire al momento opportuno. Anche l'accettare il fatto compiuto è un errore. Io spero che questa guerra ci abbia insegnato ad avere più coraggio civile: sapere dire di no al momento giusto, mettersi contro le autorità, andare in piazza, protestare. Sai quanti milioni di uomini hanno perso la vita in questa guerra? Si comincia a fare i conti e la somma è al disopra di ogni immaginazione. E quanti mutilati.» Tacque di nuovo. Ebbe l'impressione di pensare a voce alta, come le capitava di fare da qualche tempo a questa parte. Si passò una mano sui capelli, in un vecchio gesto che Kazimierz riconobbe subito e cambiò discorso.

«Non posso offrirti un bicchiere di vino. Non ne vediamo da non so più quanto tempo. Se vuoi, posso darti un bicchiere di acqua del rubinetto. Neanche un caffè ho in casa... per un etto di caffè bisogna barattare un tappeto persiano e noi li abbiamo finiti tutti! In casa non c'è più quasi niente, te ne sei accorto. All'inizio abbiamo portato al Dorotheum i gioielli di Franzi, e devo confessare di averne sofferto molto; le prime volte è stato duro: per pochi soldi dar via oggetti cari, pieni di ricordi... ma ci si abitua. Ai gioielli di tua moglie seguirono quelli di Valerie e le quattro cosette che possedevo io; ho ancora le polizze, non so neanche se sono scadute. Poi abbiamo cominciato con l'arredo: scambi con prodotti naturali, una poltrona per un sacchetto di legna, per un chilo di patate. I soldi non servono più, ce ne vogliono troppi. Meglio i lampadari, i tappeti, i quadri. Qui fiorisce il mercato nero come non puoi neanche immaginare. C'è gente che si arricchisce spudoratamente sotto gli occhi di tutti. Noi abbiamo imparato che si può fare a meno di molte cose, di tante cose.»

«Ora dimmi di Valerie. Ancora non hai detto niente. Io sono qui per questo. Ho scritto non so più quante lettere.

Non ho mai ricevuto una sola risposta, un solo segno di vita. Per caso sono venuto a sapere che il comando militare italiano non lascia entrare né uscire posta o merci dall'Austria e da altri paesi europei. Forse non avete ricevuto niente.»

Tacque un momento.

«Non ho molto tempo. Ho avuto un lasciapassare per pochi giorni e se consideri che solo per venire qui ho perso più di ventiquattro ore...»

Mitzi lo aveva ascoltato con calma. Sapeva di quelle restrizioni.

«Ti ho già detto che Valerie è dovuta espatriare e nella confusione che adesso ancora domina l'Europa non le sarà stato difficile passare la frontiera. Non so però se potrà scrivermi. Metterebbe in pericolo anche me...»

Kazimierz la interruppe, disperato, impaziente.

«Ancora non ho capito che necessità abbia avuto di espatriare, di fuggire e perché scrivendoti potrebbe mettere in pericolo anche te. Potresti spiegarti meglio?»

Mitzi si era alzata e con calma aveva portato le due scodelle nell'acquaio per lavarle. Affondò un grosso mestolo in una pentola posta su una piccola stufa di ghisa venuta chissà da dove. La grande stufa che dominava ancora la cucina era spenta, per mancanza di legna. Questa piccola stufa era pratica perché sopra aveva una specie di fornello sul quale era possibile cucinare. La pentola era piena di acqua bollente. Ne versò una parte in un catino e la stemperò con acqua fredda.

Kazimierz la guardò incuriosito. Non l'aveva mai vista fare lavori umili. Mitzi era sempre stata una signora, brava a dare ordini al personale di cucina, della casa. Mai che avesse preso uno straccio in mano. Non era nelle sue mansioni. Lo ricordava ancora molto bene. Ma nel suo modo di lavare i piatti non c'era niente di umile, non gli sembrava di rivedere la madre che sospirava sempre mentre sbrigava quelle faccende, stanca, rassegnata. In ogni suo gesto ritrovò la dignità di sempre e perché no, la fierezza che l'aveva sempre caratterizzata. Tacquero, l'una occupata a mettere ordine in cucina, l'altro tutto intento a osservare i movimenti di quella persona che pur impacciata dalla strana pelliccia manteneva una sorprendente scioltezza ed eleganza.

Mitzi infine si asciugò le mani e si sedette di nuovo di fronte a lui.

«Circa un anno fa, per una serie di circostanze che ora è inutile raccontare, conobbe un giovanotto. Era stato arrestato per motivi politici. Pare sobillasse i soldati con discorsi antipatriottici, contro la guerra, contro l'ordine costituito. Ci furono delle diserzioni piuttosto massicce e lui era uno degli agitatori: giusto il tipo che poteva piacere a quella testa calda di tua figlia. Se ne innamorò. Fu un colpo di fulmine, penso anche per lui. In circostanze, direi avventurose, riuscì a fuggire nel momento in cui insieme a due poliziotti stava per scendere dal treno... approfittò della ressa... non so, una storia rocambolesca. Valerie lo conobbe o meglio glielo fecero conoscere le persone che allora frequentava. Se ricordo bene, questo incontro avvenne subito dopo il suo viaggio a Merano, l'anno scorso.

Venne ad abitare qui. Una casa assolutamente al di fuori da ogni sospetto. Un pomeriggio me lo vidi qui davanti. Un giovane con una certa educazione, colto, di famiglia benestante, così raccontò, della Stiria. Il padre proprietario terriero e altri due fratelli in guerra. Lui, Peter, aveva studiato, voleva darsi alla politica, e per quanto abbia capito, faceva già parte di un partito politico clandestino. Non so. Io lavoravo in ospedale e Valerie anche. La sera, quando stavano qui, in questa cucina, a discutere ore e ore, preferivo andare a letto. Ero stanca e poi li volevo lasciare soli.

Non voglio raccontarti tutti i particolari... fra l'altro non saprei neanche da dove cominciare. A volte tornavamo a casa e lui era via. Spariva anche per due tre giorni, non lasciava neanche un biglietto, perché, diceva poi, non voleva metterci nei guai. Io so solo che lui e Valerie furono fra i primi a iscriversi al nuovo partito proletario. La settimana scorsa, il 17 marzo, i comunisti hanno tentato di dare l'assalto al Parlamento. La polizia si è messa a sparare. Ci sono stati una trentina di feriti fra i dimostranti e trentasei fra i poliziotti, più cinque o sei morti di ambedue le parti. Peter era uno degli organizzatori. Questo il giovedì santo. Non puoi immaginare l'agitazione di Valerie. Una Pasqua che non dimenticherò mai. All'ultimo momento decise di fuggire con lui. Io ero d'accordo, mi è sembrata l'unica cosa ragionevole da fare. Era fin troppo coinvolta nella vita di quel giovanotto. Credo si sia compromessa anche pubblicamente… forse faceva parte dell'organizzazione, non so niente di preciso. A me non raccontava mai niente per timore che potesse accadermi qualcosa, nel caso venissi interrogata. Non faceva altro che ripetere, „meno sai, meglio è". Mentre cerco di riassumere questi avvenimenti per te, mi sembra di raccontare una storia che riguarda altre persone o meglio un romanzetto da quattro soldi, benché sappia che tutto si è svolto in questa cucina, fra queste quattro mura.»

«E tu hai lasciato che accadesse qui… sotto i tuoi occhi? Hai creduto anche tu a una rivoluzione qui, da noi? Mi sembra di vivere fuori dal mondo! La civiltà europea è di almeno cento anni più avanti di quella russa. La rivoluzione socialista è stata possibile solo in quel paese, questa è la mia convinzione, e l'ho già detto l'anno scorso anche a Valerie. Qui mancano l'organizzazione, le personalità capaci di condurre un tale rivolgimento… la società stessa.»

In realtà, mentre parlava, si sentiva sempre meno sicuro: e se quell'organizzazione esisteva sul serio? Se le personalità erano già qui, pronte a prendere le redini in mano? E nel resto dell'Europa? Aveva sentito di agitazioni popolari anche in Germania. Non avrebbero avuto subito i russi in casa? Non erano forse loro a sobillare le masse inviando persone addestrate per questo scopo? Un pensiero sconvolgente, ora poi che la Polonia si era finalmente liberata dal giogo russo e anche da quello prussiano. Fu preso dall'affanno.

«Tu non conosci i russi. Hanno cercato di toglierci la nostra identità polacca... sempre, con durezza. Sono arretrati... dei barbari senza cultura, privi di civiltà... ora si stanno organizzando, hanno dei capi, hanno un Lenin.» Tacque, sopraffatto. Mitzi notò la sua confusione, il panico. Cercò di calmarlo.

«Non sarai venuto qui per discutere con me di politica... benché in questo momento non ci sia portinaio, bottegaio, o chiunque altro che non si senta autorizzato a parlare di politica. Tutti sanno come dovrebbero andare le cose, ognuno ha la soluzione migliore.

Adesso poi hanno proibito di portare titoli nobiliari... sta sulla bocca di tutti! Abbastanza divertente se non ci fossero i tanti guai che abbiamo! Senza i pacchi viveri degli ex nemici qui la gente morirebbe di fame. Si vive degli aiuti degli americani, degli svizzeri, danesi, olandesi, svedesi, belgi... e qui si preoccupano di abolire i titoli nobiliari! Mi vien da ridere se penso alle tante baronesse e contesse che dovranno rinunciare al loro titolo, con la fame che c'è in giro. No, non mi dispiace, devo ammetterlo. Forse alcune creste si abbasseranno, anche se l'arroganza di certa gente resterà. In privato magari si lasceranno chiamare ancora signora baronessa e signora contessa almeno per i prossimi cento anni, fino alla loro estinzione.»

Sorrise, per la prima volta da quando era venuto Kazimierz. I suoi occhi si schiarirono e una luce divertita, ironica li illuminò per un istante. Kazimierz notò quell'improvviso bagliore e ne fu subito affascinato. Dentro, seppellito dagli avvenimenti degli ultimi anni covava ancora il vecchio fuoco, la capacità di vedere il lato umoristico anche nelle situazioni più drammatiche: quella era la Mitzi che conosceva!

Vecchi amori

La voce, il sorriso e lo sguardo malizioso di Mitzi lo rinfrancarono meglio di un bicchiere di vino. La guardò con altri occhi, uscendo come d'incanto da quello stato di apprensione che lo aveva tenuto attanagliato durante le ultime ventiquattro ore. Gli sembrò di scuotersi di dosso una specie di cappa di piombo che gravava sulle sue spalle ormai da anni, da quella mattina in cui era corso a liberare la moglie dal nodo scorsoio che le serrava la gola. Aveva dovuto o voluto farlo lui stesso.

Nessuno aveva osato avvicinarsi all'albero del diavolo per via della maledizione ma anche per una sorta di rispetto verso la morta: lui era l'unico ad aver il diritto di toccarla, per l'ultima volta di stringere quel corpo che non gli era mai appartenuto. L'aveva distesa sulla neve e non volendo vedere quel viso, quella lingua paonazza, quegli occhi sbarrati da un ultimo terrore, l'aveva coperto con un fazzoletto che aveva trovato nella tasca dei pantaloni. Una scena che lo aveva inseguito per anni, nel sonno e da sveglio, e sempre la domanda: come era salita su quell'albero? Non ricordava di aver visto una scala, lì vicino, una panca. Era talmente sconvolto che non si era guardato intorno, non si era neanche chiesto come avesse fatto, e quella gatta lì accanto a lei, silenziosa come tutti i gatti; lei aveva visto tutto, lei avrebbe potuto raccontare.

Con quel fazzoletto sul viso di Franziska si era concluso un periodo della sua vita, il tempo delle emozioni, dei sentimenti. E della speranza.

«Non vedo la tua gatta...»

«Oh, la mia gatta è morta quattro anni fa. Era molto vecchia e qui in città non ha avuto la vita facile, poverina, non poteva uscire mai. È stata la mia ultima gatta. Strano che tu abbia pensato a lei, proprio adesso...» Kazimierz ascoltava quella voce con piacere crescente. Mitzi era parte della sua famiglia, della sua vita.

«Cosa intendi fare, ora che Valerie non vive più con te?»

«Non ci ho ancora pensato. Non lo so.»

Evitò di guardarlo e chiuse di nuovo quella porta della quale aveva appena aperto uno spiraglio.

Sapeva di essere legata, ormai da più di trent'anni, alla famiglia Bodynski, volesse o no. Ora che Valerie veniva a mancare, le restava una vita di solitudine. In quegli ultimi giorni si era accorta dei vincoli quasi di parentela, in ogni caso dello stretto legame che la univa a quella donna che aveva cresciuto e amato come una figlia.

E poi c'era il non facile problema finanziario: di che cosa avrebbe vissuto? Non certo della ridicola pensione cui aveva diritto, con la quale non avrebbe potuto comprare neanche un chilo di patate. E la casa? Poteva affittare alcune stanze, erano tutte vuote, ma la casa era di Valerie e un giorno avrebbe potuto venderla. Cercarsi un lavoro. In ospedale non sembravano contrari ad assumerla in forma stabile, aveva avuto già i primi approcci. Un guadagno minimo, neanche sufficiente per sopravvivere.

Il suo volontariato era finito già da qualche tempo e ora doveva pensare a un lavoro che le procurasse di che vivere.

L'uomo interruppe il silenzio che sembrava allontanare l'uno dall'altra.

«Ormai non c'è più niente che mi tenga a Merano. Io mi sono del tutto ristabilito, la mia salute si è normalizzata... e poi ci sono altri posti al mondo dove il clima è mite e dove è possibile vivere in pace. Non ho intenzione di trascorrere gli ultimi anni che mi restano in un paese di frontiera, come è ora il Sudtirolo. Adesso c'è un governo provvisorio italiano, tutti sperano, anzi sono convinti che appena saranno stipulati i trattati di pace, potranno riunirsi al Tirolo. Ma se dovesse accadere il contrario? Se cioè saremo smembrati, divisi dal Tirolo, dall'Austria... che ne sarà di noi? D'altra parte in Tirolo ci sono movimenti separatistici... tutta l'Europa è in fermento.

Io non sono così giovane per prendere parte a tutti questi sommovimenti e poi c'è anche il ragazzo. Vorrei portarlo in un paese dove non ci siano rivoluzioni in vista né instabilità di altro genere. Ho pensato di emigrare. Ci penso già da qualche tempo. Ho i mezzi per farlo e credo sia il momento buono soprattutto per lui. Ora mi dici che Valerie è in Svizzera, che cioè aveva intenzione di andare in Svizzera. Perché no: a me va bene anche la Svizzera. Penso sia un paese in grado di offrire abbastanza garanzie per una vita tranquilla. E poi, lì sono anche tutti i miei risparmi.»

Si fermò un momento, indeciso se sbilanciarsi, se cercare un momento più propizio. Infine proruppe:

«Verresti con noi? Lo so che non ami Jaro, ma col tempo ti abitueresti, sei troppo intelligente per non capire che lui non è colpevole di niente. Si potrebbe stare tutti insieme, almeno nella stessa città, se non proprio nella stessa casa.»

«Tu dici insieme a Valerie? Volevano andare a Biel, lì c'è una specie di comitato segreto cui Peter sembra esser legato. Spero siano già arrivati.» Tacque pensierosa.

«Per me può essere anche Biel o altrove. Ma tu? Tu verresti con noi, con me e Jaro? Verresti a vivere con noi?» La fissò cercando di leggere nei suoi pensieri. Infine gli sfuggì una frase, una domanda formulata quasi a sua insaputa.

«Sposeresti questo vecchio cavallo polacco?»

Cosa aveva mai detto? Avrebbe voluto mordersi la lingua. Che gli accadeva? Alla sua età fare una domanda di matrimonio. Ancora quella mattina, ma neanche qualche minuto prima aveva supposto una simile eventualità. Mitzi lo aveva ascoltato fino a quel momento con crescente sorpresa. L'ultima frase la colse alla sprovvista, chiazze di rossore macchiarono il suo viso e, nuovo in lei, le labbra ebbero un tremito leggero. A fatica si riprese e si schermì.

«Sono troppo vecchia per queste cose, ma ti ringrazio ugualmente. Tu mi confondi. Una proposta che da te non mi sarei mai aspettata...» Kazimierz non la lasciò finire.

«Come puoi dire una cosa simile? Tutti gli anni che sei vissuta sotto il mio tetto, sotto il nostro tetto, conoscevi i sentimenti che nutrivo per te. Non negare, non dire di non aver mai capito. Ho rispettato la tua volontà, ma questo non toglie che i miei sentimenti per te siano rimasti uguali, anzi che siano maturati con gli anni... Mitzi, io ho sempre avuto bisogno di te, lo sai, lo hai sempre saputo e ora più che mai.»

Si sentì travolto da un'ondata di entusiasmo, come quando da giovane partiva alla conquista di una bella donna. Ma era qualcosa di più. Era una gioia che saliva da fonti che credeva da lungo disseccate, e una speranza nuova, mai conosciuta.

«Io sono solo e tu sei sola... no, non dire che tu non hai bisogno di nessuno, ti sento già protestare, ti conosco molto bene. E lo ammetto: tu non hai bisogno di nessuno, sei abbastanza forte per bastare a te stessa. Io invece ho bisogno di te, solo di te, mi basta la tua sola presenza. Non chiedo altro. Lo sento ora, dopo tutti questi anni di silenzio, di solitudine, quanto abbia bisogno della tua presenza. Tu hai sempre arricchito la mia vita, hai dato un senso alle mie azioni, anche a quelle negative, è vero. A chi devo dimostrare qualcosa? Di chi mi devo vendicare, chi devo cercare di riconquistare? Non so più cosa dico...»

Si interruppe un momento sopraffatto. Si calmò. Abbassò la voce quasi volesse confessarsi.

«Dopo quella storia tremenda non ho più avuto una donna. Ho avuto solo un desiderio, che tu mi perdonassi. Che tu mi accettassi almeno come amico. Io ho bisogno della tua amicizia, dei tuoi commenti e anche delle tue critiche. Tutti questi anni sono stati vuoti di vita, senza scopo... mi sei mancata in modo indicibile, ogni giorno ho sentito la tua mancanza. Tante volte ho ripensato alle ore trascorse insieme, all'intensità del nostro legame, come non ho mai avuto con altra donna, all'intesa così profonda che ci univa. L'hai dimenticato, tu?»

Tacque ancora. Il suo entusiasmo era svanito. Era solo triste.

«Mi torna in mente il tempo trascorso a Lemberg, quando tu ancora vivevi sotto il mio tetto: mi buttavo in avventure senza senso solo per provocarti. Avevo bisogno della tua reazione o riprovazione, come vuoi. Tu lo sai, Franziska non reagiva mai... lo so, lo so, non posso toccare questo tema, tu sei convinta ancora che tutta la colpa di quanto è accaduto sia solo mia.»

Tacque. Da allora avevano sempre accuratamente evitato di fare anche solo il nome di Franziska. L'unica ad accusarlo, nei primi anni era stata la figlia. Mitzi si era messa da parte e si allontanava ogni volta che fra i due scoppiava una discussione sul come e sul perché di quel suicidio.

Infine sentì che era ora di finirla. Mitzi taceva ancora, ma non era nemica, sembrava anzi disponibile; forse era arrivato anche per lei il momento di sciogliere alcuni nodi, di chiarire quanto era rimasto in sospeso. Kazimierz cercò nei suoi occhi un consenso.

«Quante cose non sono state dette fra noi due! Quanti anni di silenzio. Certo, io mi sono reso colpevole ai tuoi occhi di chissà quali infamie; tu sei sempre stata convinta di essere dalla parte della ragione, io il mascalzone che tradisce spudoratamente la moglie. Ti prego, parliamone. Lo sai almeno che mi si è negata fin dal primo momento e che mai, mai... Vedo che ti alteri. Ma che potevo fare? È inutile... sono condannato a tacere per il resto dei miei giorni.»

Tacque affranto. Mitzi si schiarì la voce.

«Qui nessuno ti accusa. Ormai sono passati troppi anni; non serve più a niente fare dei processi, cercare il colpevole, punirlo. Io ho amato Franziska come una sorella minore, una sorella che non ho mai avuto. Era una donna indifesa, estremamente vulnerabile, incapace di vivere; ho sempre pensato che qualcosa deve averle impedito di crescere, di diventare adulta. La ricordo ancora in quella sua ingenuità così disarmante. Non deve essere stato facile per te vivere con lei; tu sei un uomo... semplice, non so come dire senza offenderti, certo non l'uomo adatto per una donna come Franziska. Ma quale uomo sarebbe stato adatto a vivere con lei e in generale con una donna? In questi anni in cui sono uscita di casa per lavorare, in cui giorno dopo giorno mi sono trovata a contatto con ogni sorta di uomini, medici, fornitori, barellieri, cuochi, ho capito che gli uomini possono capire solo altri uomini, mai una donna.

In ospedale svolgevo delle funzioni propriamente maschili. In mancanza di uomini mi occupavo dell'amministrazione, dell'organizzazione dei rifornimenti, tutte incombenze fino ad allora riservate solo agli uomini. Ho capito, dopo pochissimo tempo, che se volevo sopravvivere dovevo dimenticare di essere una donna, solo così avrei potuto farmi rispettare.» La voce opaca, sembrava parlare con se stessa. «È stata necessaria tutta la mia energia per impormi e farmi ubbidire da uomini non abituati a ricevere ordini da una donna. Ho imparato molte cose in questi anni. La guerra ha insegnato agli uomini che ci sono anche le donne e che le donne sono efficienti quanto e più di un uomo. E anche le donne hanno capito che non devono mettersi da parte, che hanno diritti, non soltanto doveri.»

Si interruppe. Aveva toccato un punto che doleva ancora. Umiliazioni, un senso di inferiorità che non aveva mai conosciuto prima, confini insormontabili di ineguaglianza dei due sessi. La presa di coscienza di una realtà fino allora ignorata per una serie di circostanze favorevoli: l'assunzione dai Bodynski circa trent'anni prima, la posizione di padrona di casa non dipendente da nessuno, e poi Valerie che l'aveva sempre amata come una madre. Tacque a lungo, assente. Alzando gli occhi scorse Kazimierz. La fissava in attesa, concentrato, come di chi attende un verdetto. Mitzi finalmente spianò le rughe che avevano solcato la fronte. Il viso si ammorbidì, si distese.

«Come avresti potuto capire quella povera anima di Franziska? Visse sempre sull'orlo dell'abisso. Mai uscita dall'infanzia. Una bambina offesa, una donna ferita, ecco cosa era, e bastava un nulla per farla precipitare. Quella notte deve esser successo qualcosa di grave. Qualcosa di estremo, di definitivo. Tu lo sai, sei l'unico a saperlo... no, non dirmelo, forse è meglio così. Non è necessario sapere sempre tutto.»

Si alzò, triste, stranamente rassegnata e rovistò nel cesto della legna. Prese un ciocco e lo infilò nella stufa. Il fuoco era quasi spento, vi soffiò sopra e cercò di ravvivarlo.

Kazimierz aveva ascoltato attento. Il fatto che il mondo fosse dominato dagli uomini non lo sorprendeva: da chi altri avrebbe dovuto essere dominato? Le donne farebbero bene a restarsene in casa, pensò con convinzione, il lavoro non è fatto per loro. Ma era un po' disorientato. Osservava la donna mentre si dava da fare china davanti alla stufa e intanto rifletteva. „Cosa avrà voluto dire con quel discorso ingarbugliato? Vuoi vedere che incomincia anche lei con la storia dell'emancipazione, come Valerie. Sicuro, non aveva mai capito Franziska, ma cosa c'era da capire? Una bambina offesa, una donna ferita... che intendeva dire? Che c'entrava lui?"

«Mitzi, tu riesci sempre a confondermi le idee. Se non sbaglio hai detto che io... che gli uomini non possono mai capire le donne. È possibile che tu abbia ragione. Io penso che si possa amare anche senza capire. Che c'è da capire? Cos'è questo bisogno di capire?»

Cominciò a scaldarsi, tutto quel discorso fumoso di Mitzi lo aveva portato fuori strada, ora voleva tornare su ciò che più gli premeva:

«In un rapporto amoroso come può esserci fra un uomo e una donna ci sono altre vie di comunicazione, un altro modo di intendersi, di capirsi... su una base più emozionale e meno intellettuale, come invece accade fra uomo e uomo. Io penso che ci siano linguaggi diversi: gli uomini parlano una lingua diversa da quella delle donne, hanno altri mezzi per comunicare con una donna... e questo tu lo sai meglio di ogni altra, non puoi averlo dimenticato. Scusami, non so più cosa dico. Ma chi ha mai capito che cos'è l'amore? La gente continua ad amarsi senza porsi tante domande, senza rompersi la testa con problemi di comprensione, di uguaglianza dei sessi, di diritti e di doveri. Che senso avrebbe la vita se non ci fosse l'amore, ci hai mai pensato?»

Mitzi aveva riacceso il fuoco e se ne era rimasta accanto alla stufa per riscaldarsi le mani. Tornò al tavolo e si sedette di fronte a lui. Lo fissò a lungo, senza vederlo, persa in immagini del passato che ora, rievocate dalle parole infuocate di lui, riaffioravano con grande intensità. Si scosse infine per scacciare l'emozione che si stava impossessando di lei e non trovò altro di meglio che constatare: «Questa casa è molto fredda.»

Di colpo cadde la tensione. Il filo sottile, per un attimo teso fra loro due, si spezzò.

Kazimierz sentì di aver perso la partita.

«La mia casa, a Marling, è ben riscaldata.»

Nella sua voce non c'era più speranza. Si perdeva anche lui in banalità. Che altro avrebbe potuto dire?

Fu preso da una grande stanchezza: quel lungo viaggio, gli ultimi mesi di angoscia, dieci anni di solitudine, di silenzio, tutto gli crollò addosso.

Mitzi sempre lontana, continuava a fissarlo quasi vedesse attraverso di lui. Infine sembrò tornare in quella cucina, in quel triste giorno di marzo del 1919 e vide quel vecchio cavallo polacco, l'uomo che aveva amato in anni lontani, che aveva odiato, disprezzato e di nuovo amato; dal quale non era mai riuscita a separarsi del tutto.

«Dammi un po' di tempo. Ho bisogno di pensare...»

Lemberg cento anni dopo

Anni fa, leggendo una storia del Sudtirolo, 'In Kampf gegen Rom' di Claus Gatterer una frase mi aveva colpito in modo particolare per la sua incongruenza: nell'Impero Austro-Ungarico non esisteva analfabetismo; in tutto il territorio circa un 4 %, tranne in Galizia (74 %), superata solo dalla Bukowina, con il 76 %.

Galizia, Bukowina... nomi che in qualche modo evocano costumi colorati, montagne rocciose, orsi, lupi, gente rude e arretrata. Nozioni assai vaghe, un po' troppo folkloristiche.

Incuriosita, cercai di saperne di più. La prima domanda del libraio fu: una guida turistica della Galizia spagnola? Poi ci ripensò. Da poco era stato pubblicato un libro sulla Galizia dei Carpazi, forse era quello che cercavo. Un autore austriaco, Martin Pollack, aveva scritto un libro bellissimo, mi assicurò, aggiungendo subito che la Galizia stava diventando di moda. Lo comprai, e ora posso dire di condividere pienamente il suo giudizio. Il libro mi entusiasmò al punto da incoraggiarmi a proseguire lo studio di questa regione, orientandomi in varie direzioni. Al signor Pollack in ogni caso devo la più grande gratitudine, perché mi fece conoscere un mondo nuovo e nello stesso tempo scomparso. Neanche sulla carta geografica riuscii a trovare il 'Regno di Galizia e Lodomeria, autonomo'. Sotto il dominio ereditario della casa austriaca dal 1772 cosiddetto 'Kronland'.

Dopo un lungo periodo di ricerche, nate più che altro per un puro interesse storico, cominciò a delinearsi un qualcosa che sempre più prendeva forma, intanto che i personaggi, uno dietro l'altro, si presentavano invitandomi a raccontare le vicende della loro vita: squarci di luce affascinanti su scene, incontri, dialoghi, collegati col periodo e il luogo nel quale vive-

vano, costringendomi ogni volta a cercare sempre nuovi libri, in biblioteca, dato che si trattava di temi ormai lontani nel tempo.

Scoprii allora che la prima guerra mondiale aveva segnato la fine di questa regione, nel senso che venne suddivisa fra Polonia, Ucraina, Romania e Cecoslovacchia, ma che soltanto la seconda guerra mondiale aveva fatto di questa terra un vero teatro di ombre. Sono rimaste le quinte, il palcoscenico, forse anche i requisiti... mentre gli attori furono eliminati tutti. Infatti in seguito alle cosiddette pulizie etniche che hanno caratterizzato il XX secolo, una parte fu evacuata in Polonia (e cioè un milione di polacchi) altri in Ucraina (circa centocinquanta mila ruteni), ognuno per modo di dire nella regione della propria lingua non della propria origine; mentre degli altri gruppi etnici non si parla più, tutti più o meno integrati, o forse soltanto assorbiti nell'anonimito del regime sovietico: Huzuli, Bojki, Armeni, Zingari e infine gli Ebrei. Dei circa settecentomila ebrei che fino a quel momento avevano popolato quel territorio ne restò soltanto qualche migliaio. Il resto finì, con la collaborazione e il pieno consenso di polacchi e ruteni, nei forni crematori di Auschwitz, una cittadina polacca, Oswiecim, a sud di Cracovia, e in altri campi di sterminio. Bisogna subito aggiungere che nonostante la convivenza di tanti gruppi etnici così diversi fra di loro, in tutti, senza distinzione, era radicato un fortissimo antisemitismo.

Mi avvicinai passo passo a una storia lunga, estremamente interessante, di supremazie di Polacchi già dal XIV secolo – tutti i grandi proprietari terrieri e la cosiddetta aristocrazia del luogo era polacca, contro una popolazione di ruteni (allora gli ucraini erano ancora chiamati così) costituita per il 90% da contadini – di conquiste da parte di cosacchi, tartari, russi, con assedi, saccheggi e distruzioni varie, e infine con un ultimo periodo di relativa quiete e benessere durante la dominazione dell'Impero Austro-Ungarico, dal 1772, fino allo scoppio della Prima Guerra Mondiale. In questo lungo tratto di tempo fu importante l'influsso della cultura europea venuta insieme ai militari e agli impiegati governativi austriaci che in maggior parte portavano le proprie famiglie, mentre se venivano soli finivano con lo sposare donne del luogo, assimilandosi al punto da cambiare non soltanto la lingua, a volte anche il cognome.

La Galizia e meglio sarebbe dire Lemberg, il suo capoluogo, diventò un centro economico di non poca importanza, per la sua posizione di transito fra l'Europa e l'Asia, anche per le saline prima e i giacimenti petroliferi che nella seconda metà dell'800 arricchì notevolmente questa regione. Il XIX secolo fu caratterizzato da un notevole risveglio culturale anche per via della nuova Università che attirò, soprattutto per la facoltà di materie umanistiche, una quantità di studiosi e intellettuali, culminato poi con la costruzione del teatro d'opera, nel 1901, (ben 1000 posti) considerato uno dei più bei teatri europei.

Intanto avevo deciso di visitare i luoghi da me conosciuti solo attraverso i libri: vedere Lemberg (che nel frattempo si chiama L'viv) cento anni dopo! Ho scelto anche il mese preciso in cui avevo collocato le prime scene della mia storia e ho cominciato i preparativi del viaggio. Inutile dire che fui presa da una grandissima agitazione, al punto da essere colta, una settimana prima di partire, dal classico colpo della strega che mi paralizzò per qualche giorno... fino all'ultimo momento ho temuto un altro contrattempo, un nuovo impaccio che potesse impedirmi di entrare finalmente di persona nel luogo delle mie fantasie.

Inizio di luglio, 2009.

Aeroporto di L'viv scritto in cirillico. Ho subito scoperto che qui tutto è scritto solo in cirillico. Perfino la parola Exit, assolutamente internazionale, manca!

Attraverso una porticina di legno come oggigiorno è quasi impossibile trovare nel resto dell'Europa, entrammo in un piccolissimo locale già affollato di viaggiatori. Un odore particolare impregnava la sala, lo stesso che ritrovai poi, nel pomeriggio, nella stazione ferroviaria. Mi chiesi subito che odore fosse: impossibile da definire, caratteristico, forse legato al cibo di questa gente. In ogni caso un odore assai penetrante.

Ci allineammo in fila davanti a uno strettissimo corridoio per il controllo dei passaporti; subito il viso del poliziotto mi ricordò quello della polizia dell'ex DDR. Espressione dura, sguardo freddo di chi sospetta in ogni essere umano un criminale, uno spione, un nemico del popolo. Visi educati a non esprimere niente di positivo, cui è stato proibito una volta per tutte di sorridere, di mostrare un filino di umanità. Occhi cui è stato cancellato ogni segno di intelligenza, nel caso ce ne fosse stata una, mentre al contrario in quelli delle donne, di quasi tutte le donne, si può leggere la sofferenza, le privazioni, i soprusi subiti; ma anche tanta rassegnazione. Sembrano due mondi divergenti, quasi la vita, per gli uomini e per le donne, abbia un percorso diverso. Forse sbaglio, ma sarebbe troppo lungo approfondire questo tema.

Finalmente, dopo che il nostro passaporto fu fotografato, timbrato, fissato in un computer, esaminato con estrema cura in ogni sua singola pagina, ci fu permesso di passare nella vera sala d'aspetto. Non posso fare a meno di ricordare la stessa procedura, assai irritante, che anni prima avevo sperimentato alla frontiera fra le due Berlino.

Tutto il piccolo aeroporto, costruito in periodo sovietico, è in stile vagamente pompeiano. Colonne scanalate in falso ionico che non so proprio cosa abbiano a che fare qui, circondano la piccola sala rotonda, sostenendo, per modo di dire, un soffitto a cupola, dipinto con affreschi in delicati toni azzurrini, assai romantici... il tutto assolutamente inefficiente. Questa piccola sala è affollatissima di parenti e amici che aspettano i viaggiatori in arrivo. Così la vidi anche alla partenza, la stessa folla, lo stesso odore, gli stessi visi, gli stessi abiti modesti, la stessa espressione smarrita di chi si trova in luogo estraneo al proprio ambiente naturale.

Cercammo l'ufficio della società dove avevamo prenotato una macchina: un bugigattolo con una porticina sgangherata a vetri su cui è incollato un cartello con una freccia scarabocchiata a mano, che indicava di andare nella direzione opposta! Aprire questa porta significò pregare un giovanotto fermo lì davanti, di spostarsi di qualche centimetro; mancava il posto anche per metterci un solo piede, tale era la ressa. Entrare poi in questo minuscolo locale pose un altro problema di non facile soluzione: fu necessario alzare l'unica sedia e tenerla in aria sopra le nostre teste! La più grande fortuna che però non riuscimmo ad apprezzare adeguatamente fu che la persona addetta a tutta la complicatissima procedura parlava un po' di inglese. Per uscire, altra lotta con la massa di gente che non si spostava per lasciar passare, come un branco di pecore difficile da separare. All'uscita, tanti uomini malandati offrivano un taxi o altri servizi che non abbiamo capito: a Lemberg e in tutta la Galizia si parla solo ucraino e basta, e chi non lo capisce... peggio per lui!

Così è iniziata la grande avventura a Lemberg; dall'aeroporto non lontano dal centro, collegato da un vero filobus, fino all'albergo, in macchina abbiamo impiegato lo stesso tempo del viaggio in aereo. Il traffico caotico; le strade intasate da vecchissime automobili, da tram farraginosi risalenti ad almeno 80 e più anni fa, da autobus piccoli, gialli, anche questi arrugginiti e rumorosi... l'impedimento più reale però non erano le macchine, i tram, gli autobus, i pedoni (le giovani donne portano quasi tutte scarpe con tacchi altissimi e sottili camminando come sul filo, in un equilibrio assai precario): erano le strade stesse! Sapevo che la Galizia della fine dell'800 e del primo '900, descritta da Josef Roth e altri scrittori, era conosciuta per le strade in condizioni disastrose. Ora posso dire che cento anni dopo non è cambiato niente. Adesso c'è l'asfalto, è vero, i buchi però sono rimasti tali e quali e forse peggio, dato che adesso circolano molti più mezzi di trasporto di prima: si vedevano continuamente macchine e autobus andare come in una corsa a ostacoli, in una sorta di gimcana per evitare di infilarsi in un grosso buco dal quale era poi difficile uscire senza rovinare la carrozzeria, le gomme e non so che altro. Per cui fu impossibile percorrere un tratto di qualche metro senza fermare, rallentare, fare una giravolta, stando anche attenti al resto degli automobilisti, a loro volta impegnati con lo stesso problema! Sembrava un gioco fra pazzi. Per un automobilista europeo una situazione inimmaginabile, in ogni caso assai stressante.

E per fortuna non pioveva...

Lungo la strada, con fermate dovuto al traffico intensissimo, a incidenti con ambulanze e polizia, blocchi di varia natura, ho cominciato a osservare la città, i palazzi, la gente, soprattutto la gente; una grandissima emozione mi ha tenuto per tutti i giorni del mio soggiorno la gola stretta. Mi è sembrato di entrare in un mondo visto soltanto con gli occhi della fantasia ma che, per un'inspiegabile colpo di bacchetta magica, diventava realtà. Ho pensato: qui, fra queste strade, andava in giro Bodinsky, Mitzi Greiner, Franziska... qui la madre faceva le sue passeggiate per mettere in mostra la figlia, mentre il padre sfoggiava la sua più bella uniforme; qui si muoveva tutta questa gente nata nella mia testa, qui hanno realmente vissuto, sofferto. I personaggi inventati da me sono diventati di colpo reali, hanno acquistato una loro fisionomia, un diritto di essere al mondo. Sono entrata nel teatro delle loro vicende, ho ritrovato le quinte, le scene e... loro, gli attori!

Ho dovuto ricredermi abbastanza presto, gli attori, quelli che hanno vissuto qui cento anni fa, non ci sono più, e non ci sono neanche i loro figli e nipoti. Nelle strade circola una folla piuttosto omogenea, uomini e donne con facce dai tratti assai comuni, figli di contadini ucraini. Tutti ucraini e forse anche russi. Dove sono gli ebrei, i famosi Luftmenschen, gli Huzuli, i polacchi, gli austriaci, gli zingari, gli armeni che in altri tempi popolavano queste strade? Lemberg era una città multiculturale. E dov'è la piccola e alta borghesia, e i cosiddetti intellettuali? Il viso di questa gente parla molto chiaro. Soprattutto la borghesia è stata eliminata dal regime sovietico. E gli intellettuali con loro.

Avevo scelto un albergo in centro dove mi era sembrato di veder entrare e uscire il signor Bodinsky le poche volte in cui veniva ancora in questa città, dopo il suo trasferimento a Merano: Hotel George, un bellissimo palazzo in stile Vecchia Vienna, costruito nel 1901, considerato il più lussuoso e moderno albergo dell'epoca. Avevo letto che c'era una sala da pranzo che poteva ospitare ben cento commensali tutti in una volta, più una seconda per altre 50 persone. Non potei fare a meno di pensare che si trattava del solito albergo di lusso adattato al turismo di massa, quello organizzato dal Partito, per dare alla gente l'impressione che adesso anche loro potevano godere dei privilegi riservati in altri tempi a una ristretta cerchia di persone. Ho rinunciato e subito dopo capii di aver fatto bene. Sono entrata in questo meraviglioso palazzo e già l'ingresso era una denuncia contro gli anni di dominazione sovietica: trascurato, ammuffito, in qualche modo sudicio, rimesso a nuovo credo negli anni cinquanta.

Il signor Bodinsky arrivava sempre col treno, per cui andai subito a visitare la stazione ferroviaria. Presi uno dei tanti tram che circolano in continuazione, il 9 oppure il numero 1, le linee più antiche, che percorrono lo stesso tratto di strada come già nel 1894, l'anno in cui fu installato in seguito alla Grande Mostra della Regione. Uno dei primi tram dell'Europa orientale, prima di Mosca o Varsavia, orgoglio dei cittadini di

Lemberg. Il biglietto si compra dal guidatore e bisogna obliterarlo per mezzo di un piccolo apparecchio posto sopra un finestrino, una manovella da abbassare a mano per bucare il biglietto! Ho osservato come facevano gli altri e abbiamo fatto lo stesso... sembra un gioco di bambini.

La stazione da poco restaurata, costruita fra il 1899 e il 1903, in puro stile viennese, sembra un museo. Colonne quadrate di marmo scuro e bianco, volte affrescate, grandi sale d'attesa per la prima classe, dove bisogna pagare per entrare, altre due forse di seconda classe, elegantissime, affollatissime di gente assai dimessa che aspettava seduta fra sacchetti di plastica e altri miseri bagagli; due sale strapiene di gente silenziosa e paziente, abituata ad aspettare. Non ho capito perché. Ad ogni modo una stazione che per la sua bellezza stupirebbe ogni turista anche proveniente da grandi città europee.

Man mano che giravo per questa città mi chiedevo chi abitava qui. So che non superava qualche centinaio di migliaia di abitanti (ora ne conta circa settecentocinquanta mila), che circolava molto denaro per via delle saline prima e del petrolio dopo, dei commerci fra l'oriente e l'occidente già dal Rinascimento, e i molti palazzi dell'epoca, soprattutto sulla Piazza del Mercato, ne sono una testimonianza.

Quanto invece è stato costruito in seguito, a cavallo dei due secoli, fu un tentativo di affacciarsi verso un'altra cultura, quella dell'Europa occidentale, in un'esplosione di gioia di vivere e di benessere, come ci trasmettono ancora i Walzer di Strauss, con le varie polke e marcette che venivano suonate nei giardini pubblici; (come racconta Josef Roth) musica carica del tipico erotismo di marca viennese, di amore per il superfluo, ebbra di godimenti per l'attimo fuggente e irripetibile. In Lemberg si sente un condensato della Vienna ottocentesca, la grande Vienna imperiale fremente in un'euforia di piacere, in un estremo sfoggio di ricchezza ed eleganza, sfociato poi nella Grande Guerra. L'ultimo grido di una società nel pieno della sua decadenza, prima di soccombere definitivamen-

te. Ho voluto rivedere la strada delle ville, costruite dai nuovi milionari del petrolio, fra la fine dell'800 e i primi del '900: anche lì aveva la sua residenza la famiglia Bodinsky ed è facile immaginarne il lusso, l'eleganza. La grande ricchezza.

Anche Drohobych e Boryslav ho voluto vedere.

Drohobych, è una città addormentata, con ville stupende in stile Liberty o vecchia Vienna, in piccolissima parte restaurate, altre cadenti, disabitate, con porte inchiodate, finestre dai vetri rotti; strade deserte e la solita gente con la solita espressione di estraneità dipinta sulla faccia. Difficilissimo trovare un ristorante degno di questo nome, e se troviamo un locale desolato con qualche tavolino lungo il marciapiede, alla domanda se qualcuno parla inglese, la risposta è un durissimo 'niet' mentre ci vediamo chiudere sul naso la carta del menu: la cameriera non ha nessun interesse di servire turisti, e peggio ancora stranieri, cosa che del resto avevamo notato più di una volta. Il distributore di benzina, sentendo parlare una lingua straniera, ha subito abbassato lo sportello e... basta. Niente benzina per gli stranieri!

Non posso dimenticare le vecchiette modeste, il fazzoletto in testa, a ogni angolo di strada, ovunque, la mano appena alzata in una vergognosa richiesta di aiuto. O sedute sul ciglio delle strade statali, nelle vicinanze di qualche villaggio, un secchiello pieno di frutti di bosco o di funghi raccolti di prima mattina, in silenziosa attesa di un eventuale compratore. E nei mercatini rionali, accoccolate per terra lungo un muro sbrecciato, una cassettina di pomodori, un sacchetto con qualche chilo di patate, tre mazzetti di cipolle, una zucchina e niente frutta.

E per chilometri e chilometri campi incolti, preda delle erbacce. Nessuna mucca al pascolo, come si vedono in tutta l'Europa, solo qualche pecora qua e là, e nelle vicinanze di una misera fattoria quattro o cinque oche starnazzanti.

Ma chi più di ogni altro mi ha straziato sono i tanti cani randagi, persi per le strade, in mezzo al traffico delle macchine e dei tram, lo sguardo mortificato dalla fame e dall'abbandono, alla ricerca di cibo e forse di un possibile padrone; quei cani mi hanno spezzato l'anima più degli essere umani, perché indifesi, innocenti e disgraziati più di ogni esseri umano disgraziato.

Il mio ritorno nella nostra Europa privilegiata mi è sembrato un salto nel tempo, quanto mai allucinante e irreale, ma anche un monito: le due grandi guerre del XX hanno particolarmente colpito questa regione forse più di ogni altra, impoverendo e livellando ceti e culture, distruggendo sia gli uni che le altre in una perdita, forse irreparabile, di quelle peculiarità che era la vera ricchezza di questa terra. La nuova generazione ignora persino la vera storia del paese in cui vive e non sa di calcare le tavole di un palcoscenico i cui attori protagonisti sono stati tutti eliminati. Loro, i comprimari di una volta, si aggirano sulle macerie di un mondo ormai scomparso, smembrato, dilaniato da sistemi politici che non hanno saputo né voluto rispettare le tradizioni e la cultura del luogo.

Sono tornata con l'anima malata e la chiara percezione di una realtà che ci appartiene più di questa, fittizia e artificiale, nella quale viviamo.

Il passato di tutti noi europei è lì, fermo nel tempo e nello spazio.

Sarebbe bene non dimenticarlo.

Bibliografia delle opere più importanti

- R.F. Kaindl, Die Huzulen. Ihr Leben, ihre Sitten und ihre Volksüberlieferung, Wien 1894.
- S.R. Landau, Unter jüdischen Proletariern. Wien 1898.
- J. Muck, Der Erdwachsbergbau in Boryslaw. Berlin 1903.
- Kittseer Schriften zur Volkskunde, Galizien. Ethnographische Erkundung bei den Bojken und Huzulen in den Karpaten. Kittsee 1998.
- M. Pollack, Galizien. Frankfurt 2001.

Indice

Parte Prima
1906 Lemberg

Parte Seconda
1918 Merano

Appendice

Altri libri di Ada Zapperi Zucker

IN LINGUA ITALIANA:

Il viaggio di Ermelinda
Romanzo
2023, 224 pagine, 15,80 €

Due mezzi volti di un'isola
Cristina Picciolini e Ada Zapperi Zucker
Un dialogo a distanza
2022, 176 pagine, 14,80 €

Nuovo dizionario femminile
Pensieri sparsi
2022, 244 pagine, 14,80 €

Il vestitino di Angelica
Romanzo
2021, 192 pagine, 13,80 €

Un pugno di storie
Lorella Rotondi e Ada Zapperi Zucker
Lettere
2021, 212 pagine, 12,80 €

Due donne del Sud
Caterina Mammola e Ada Zapperi Zucker
24 lettere
2020, 282 pagine, 12,80 €

Una vita di donna in Sicilia
Romanzo
2019, 148 pagine, 12,80 €

Un'infanzia quasi felice
Racconti
2018, 144 pagine, 10,80 €

I padri assenti
Due racconti
2017, 196 pagine, 11,80 €

La casa del nonno
Romanzo
2016, 264 pagine, 13,80 €

La Cucchiara
Una famiglia siciliana
2015, 174 pagine, 12,80 €

Un giorno a Bolzano
Quattro racconti e frammenti di una biografia
2013, 224 pagine, 11,80 €

La scuola delle catacombe
Racconti sudtirolesi
2013, 224 pagine, 9,80 €

Le inquietudini della sora Elsa
Racconti
Edizioni Tabula Fati 2011, 176 pagine, 13,00 €

Il silenzio
Romanzo
Edizioni alpha beta 2009, 160 pagine, 12,00 €

Libri bilingue:

Die Meinung von Samy, Burli und Tina
Le opinioni di Samy, Burli e Tina
Unmögliche Autobiografien / Autobiografie impossibili
2023, 152 pagine, 14,80 €

Das Schweigen
Il silenzio
Romanzo
2022, 304 pagine, 14,80 €

In Südtirol und anderswo ...
In Sudtirolo e altrove ...
Erzählungen / Racconti
2022, 320 pagine, 14,80 €

Vikis blaue Augen
Gli occhi azzurri di Viki
Un libro per bambini, CD incluso
2020, 296 pagine, 15,80 €

Das Glyzinienhaus
La casa dei glicini
Racconti siciliani
2020, 252 pagine, 13,80 €

Herta und andere Geschichten
Herta e altre storie
Erzählungen / Racconti
2019, 248 pagine, 13,80 €

Liebe und andere Verdrießlichkeiten
Amori e altre peripezie
Erzählungen / Racconti
2018, 196 pagine, 11,80 €

Von Sizilien in die Toskana
Dalla Sicilia alla Toscana
Lorella Rotondi e Ada Zapperi Zucker
2017, 164 pagine, 11,80 €

Über Frauen und andere Geschöpfe
Storie di donne e altre creature
Erzählungen / Racconti
2015, 128 pagine, 11,80 €

Libri tradotti in tedesco:

Zwischen Lemberg und Meran
Romanzo
2020, 240 pagine, 13,80 €

Das Haus in der Widenmayerstraße
Romanzo
2017, 296 pagine, 13,80 €

Singende Menschen
Antworten von Sängern auf 17 Fragen
2018, 264 Seiten, 24,80 €

Das Unbehagen der Sora Elsa
Racconti
2016, 216 pagine, 13,80 €

Ein Tag in Bozen
Racconti
2014, 224 pagine, 13,80 €

Die Katakombenschule
Racconti Sudtirolesi
2013, 248 pagine, 11,80 €

Stampato nel mese di Marzo 2024
BoD, D-22848 Nordstedt